本当のわたしを見つけにいこう

幸せな人だけが知っている
「自分を肯定する生き方」

フェリックス・ファブリック
（YouTube「フェリファブ哲学」運営）

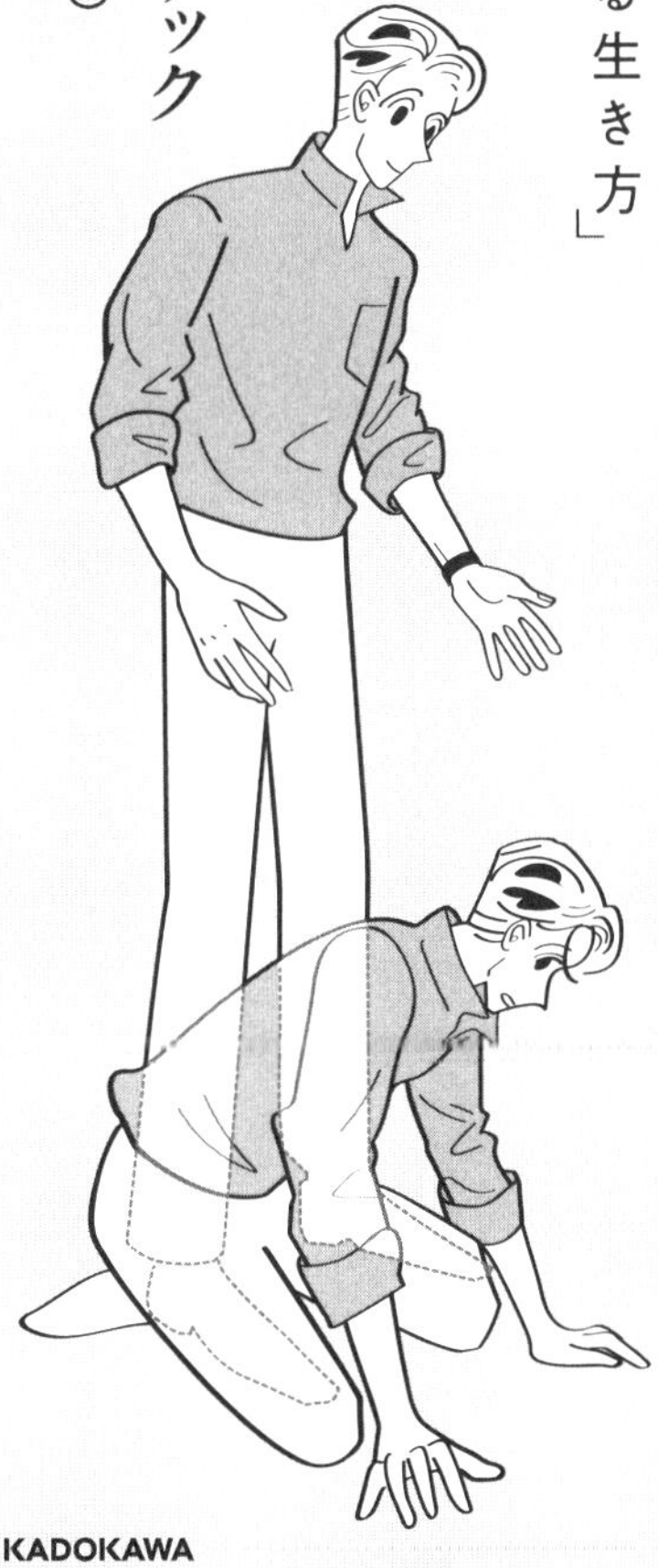

KADOKAWA

はじめに

自分を正しく知り、自分との関係を整える

はじめまして。楽に生きる研究家のフェリックス・ファブリックと申します。「**フェリファブ哲学**」という発信をYouTubeで行っており、楽に生きるための考え方の研究をライフワークとしています。

成功哲学からスピリチュアルまでさまざまな観点から、「楽に生きること」を研究してきましたが、結論、**楽に生きるということは「自分学《じぶんがく》」である**とわたしは考えています。

「自分学」とはわたしの造語ですが、究極「**自己認識を正しく設定し直し、自分との関係**

を整えれば、人生体験は大きく変わる」というとてもシンプルな考え方です。

人生とは「自分」を中心に回る宇宙であり、「自分」抜きに存在しえません。一方で、誰の人生においても、「自分」とは、最も謎が多いものでもあります（だからこそ魅力的なのですが）。その「自分」を見直してみることで得られるものは無限大なのは言うまでもないでしょう。

しかも「自分」というものは、いつでもどこでも、お金もかけずにアクセスできるという特徴があり、今すぐにでもアクセスを開始して変化をさせていくことができる便利さがあります。

また、「フェリファブ哲学」のセオリーは使うのがとても簡単で、痛みを伴わないのが特徴ですので、こんな方々にも楽に使っていただけます。

「自分のことが好きになれない」
「自分が自分を肯定できない・自分を責めてしまう」
「ネガティブに考えてばかりいて楽しくない」

「心配が絶えない」
「完璧主義すぎてしんどい」
「人のことを気にしすぎる」
「自分のことが分からない」
「自分の求めていないことを求めてしまう」
「他人軸で生きてしまう」
「スピリチュアルをひと通り勉強したけれど楽になれていない」
「成功哲学を勉強して以来、自分にプレッシャーをかけ続けている」
「潜在意識や心理学を勉強したけれど、あまり体感として変化を感じられない」
「感情を受け入れたくても受け入れられない」

こういった方々にこそ「騙《だま》された」と思ってトライしていただき、「え！　こんなことで楽になった!?」と実際に実感していただきたいと思っています。「こんなに簡単に楽になっていいの？」という声はよく聞きます。はい、楽になってください！　**今までが大変すぎただけ**なのです。

また、「自分らしく楽しく生きたい」「本当の自分に出会いたい」「自分のオリジナルの喜びを見つけたい」「クリエイティブに生きたい」「新しい自分になりたい」という方々にもおすすめです。本書全体を通して古い価値観に気づき、取り除くことで、**自分の感覚への信頼感や、人生のプロセス自体を楽しむ新しい視座へ、自然と至れる**よう導いていきます。

限定的な視野から抜け出し、自由自在な人生へ

本書のゴールについても簡単に触れておきましょう。

「よい出来事だけを引き起こせるようになる」ことや、「1ミリもネガティブなことを感じなくなる！」というようなことではなく、もっとダイナミックな範囲を網羅しています。

本書のゴールは「自分と自分の関係を整え、自分の感じ方をアップデートすることで、外の出来事や自分の中に出てくる思考におびやかされず、**勝手に上機嫌な人として、自由**

自在に生きる」です。

また、この副産物として期待できるのが、顕在意識、潜在意識を含めた意識の側も自然と整ってくることです。つまり、体験側から整えるのではなく、自分側（意識側）から整えることで、体験も変わってくる、ということです。

こういった変化が可能なのは**「自分が自分でいること」に対する印象が変わるため**です。「印象が変わる」とは、自己認識の規模が拡大することでもあります。何段階かのレベルで、自己認識を拡大し直せるよう紹介していますので、ご自身にぴったりくる規模の拡大を楽しんでみてください。

潜在意識活用や「今にいる」などに取り組む中で難しさに打ちのめされてきた方も、自然と意識が整い、限定的な視野から抜けて、より自由に捉えるようになるため、楽だという体感が伴ってくることに驚かれるでしょう。

この「体感が伴う」ということが何よりも大切です。これこそが真の個人の宝になる部分であり、フェリファブ哲学が最も提供したいと感じている部分です。

できる限り自力で体感を味わっていただけるように言葉を尽くしておりますので、ぜひイマジネーションの力を使い、「この人が言っているのは、こんな感じかな？」と能動的に自らの感覚と照らし合わせて楽しんでいただけたらと思います。

それでは行ってみましょう！

本当のわたしを見つけにいこう
幸せな人だけが知っている
「自分を肯定する生き方」
目次

第2章

悩みや葛藤の原因「エゴ」の正体とは？

第3章 ゲームを楽しむ主としてわたしは存在する

第4章 森羅万象という拡大した視野を手に入れる

第5章

「楽に・幸せに生きる」を実践してみよう

第6章

わたしを見つけて人生をクリエイティブに！

第1章

唯一無二のわたしを肯定して幸せに生きる

「がんばったからすごい」では幸せになれない？

手始めに第1章では、ざっくりと「フェリファブ哲学」の大前提について簡単に触れてみたいと思います。

まず、何よりも大切な大前提はこちらです。

・「自分の自分に対する思い」を整えると、幸福感が変化する

「はじめに」でも少し触れましたが、「自分」抜きに各人の人生は存在しません。

つまり「人生を生きる」とは、「自分というものを体験すること」でもあるわけです。

そう考えると、自分が自分として生きるということを快適に行えること＝幸福と言えるのではないでしょうか。

そうなると「自分の自分に対する思い」が大きく幸・不幸に関わってくることになります。簡単に言えば、自分が味方でいてくれる場合は幸福感が得やすく、逆に、自分が敵の

場合は不幸感に苛《さいな》まれやすいということになります。

……と、ここまでは比較的一般的な事実ですから、「よーし！　じゃあ自分の中の環境を整えよう！　自己肯定をして幸せに生きよう」と誰もががんばってきたはずです。

しかし、残念ながら、一般的なやり方で自分が自分の味方でいても、うまくいきません。げんに多くの方は、自らにポジティブな言葉をかけ続けても、思うように自己肯定感が上がらないという体験をされてきたと思います。

自己肯定が失敗してしまう。これはよくあることですが……、本来、自己肯定が失敗するということはありえません。なぜなら、**自分が生きていることを肯定できないということ自体がおかしい**からです。

自己肯定が失敗するのは、「これができるから」「こんながんばったから」などの条件を使っているときだけです。つまり、「できない」とき、「がんばれない」ときに肯定がお留守になる仕組みだから「失敗」が簡単に起きるというだけですから、逆に「条件をそもそも使わない自己肯定」は失敗する要素が存在しないので失敗もありません。

そもそもわたしたちは、自己肯定のイメージ自体を、わざと難しく捉えすぎていたのかもしれません。

「他の誰よりも努力をするから、自分はすごい」「仕事をがんばったから、自分はすごい」「美人だから、自分はすごい」というように、**わたしたちは「条件ありきの自己肯定」しか教えられてきていないため、それしか自己肯定の方法がないと思い込んできたのです。**「自分との信頼を保つためにこそ有言実行する」という表現がありますが、まさに「何かをしないと自分の信用を勝ち取れない」といういい例ですね。

だからこそ、スピリチュアルで言うところの「みんな完璧ですよ」という言葉を聞いても「甘っちょろいこと言って！」という気持ちでまったく受け入れられなかったのではないでしょうか。しかし、誰もが完璧というのは、甘っちょろいことではありません。厳然たる事実です。「完璧」というものにまつわる言葉のあやと言いますか、定義の認識の差にすぎません。

条件とは、教育と訓練による人工的な産物です。インド人とフランス人の「完璧」な異なるでしょう。そういう、条件でコロコロ変わってしまう頼りないものなわけです。そして、そこにどれだけ優等生的に感情移入しているかが「自分にとっての真実として信じている」度合いだと言えます。

自己肯定にも同じことが言えます。**「条件がないと肯定はできない」という考えも一つの価値観の教育の賜物であって、真実ではありません。**それが間違いのない真実だと思っている場合は、残念ながら、単にそれの従順な生徒として感情移入しているだけです。**絶対的な事実なのではなく、一つのアイディアを信じていただけ。**そう理解することが大切です。

ちなみに、この「条件ありきの自己肯定」の状態は、自己肯定を行っているように見えながら、自分が味方ではなく、自分が自分を監視している鬼教官になっています。「自分はこれができているだろうか？」「価値をちゃんと積んでいるだろうか？」「なまけて価値を下げていないだろうか？」と常に自分を肯定する要素を探しながら、肯定できない要素を排除しようと血眼で見張っているからです。なので、その**「鬼教官と自分の関係」が「自分と自分の関係」だと信じ込んでいた**ということになります。

この条件ありきの状態では、常に行動に緊張感が伴いますし、失敗も許されません。何かにトライするにしても、成功すれば褒められますが、失敗すればけなされるので、自己肯定をするための材料を取りにいくのにもひと苦労でした。しかも、さらにブラックなのは、成功が連続すると期待がより膨らむので、後戻りできない状態になり、ハードルを高くし続けるしか方法がなくなるところです。

しかし、これは自然な人生の在り方に反しています。**このようなやり方をしなくても、自分を、人生を、肯定していい**のです。

鬼教官との関係をただ信じ込んでいただけなので、安心してください。まず信じ込んでいた感情移入に気がつくことで、そこを客観視し、脱出することができます。気づいてみると非常にしんどかったことも見えてくるはずです。

一番欲しいのは物や成功か、自分からの肯定か

今まで当たり前のように使ってきた価値観を覆すには、あえて「合理的」になってみる必要があります。一番欲しいものを知り、それを手に入れられる最短ルートについてスマ

ートに考えてみましょう。

自分が一番欲しいもの、それはやはり、自分からの肯定です。

人生の体感は「自分が自分をどう思っているか」なわけですから、自分が一番欲しいものとは、やはり「**自分からの肯定**」「**自分が自分として人生を感じることの肯定**」ですよね。物や成功を手にしてまで欲しいのは、物や成功それ自体ではなく、「そうあってよい」と1分1秒の在り方を自分から肯定されることです。条件はその辻褄《つじつま》合わせにすぎません。もし「その欲しい物や成功を手に入れても、自分のことを好きだと思えませんけど、いいですか？」と言われたら、きっとそれを欲しいという気持ちは失《う》せてしまうでしょう。

ですから、「成功を手にしたら自分のことをすごいと言ってあげるよ」という鬼教官のスタンスはそもそもやり方が真逆なのです。自分が一番欲しいものを得るために、欲しいかどうかもわからないものを得る遠回りの旅をしないといけないのは本末転倒。静岡から千葉に行くのに日本沿岸をぐるっと左回りして行かなければいけないと勘違いしているのに似ています。そんな面倒なことをしなくていいのです。

「自分が一番欲しいもの」をすっかり忘れてしまって、関係のないものに心を奪われて悶々《もんもん》としているしんどさから自由になってみましょう。コツとしては、「どっちがお得？」とあえてエゴが食いつきそうな言い方をしてみることで、合理主義のエゴの同意を得られる可能性が高いです。エゴも使い方次第で協力してくれます。この場合、後ほど説明する「第二のエゴ」にだけ気をつけていただければ大丈夫です。

自己肯定を得るには不要な感情移入を解くこと

とはいえ「一番欲しいもの」である自分からの肯定を手に入れるためには、不純物を取り除く必要があります。そのために絶対に欠かせないのが、先ほども少しお話しした「**感情移入に気づいて解く**」ことです。どうやって、その教育の賜物である感情移入を解くか。

これがフェリファブ哲学の最も重要なテクニックと言えます。

その方法は**「自分のもの」という認識を疑う**ことです。

つまり「それが得られないと価値がないよ！」と騒いでいたのは自分ではなかったので

は？　と疑ってみる必要があるということです。

たとえば、感情移入を解くという話になると「そうは言っても、感じ方なんてそう簡単に変えられないよ、長年そうやってきたんだからさ……」という声もあります。しかし、この言葉をあらためて見てください。とても面白い事実に気がつきます。


それは、実は**この「自分が長年やってきた」という言葉に「自分のもの」という認識が入り込んでいる**ことです。


「自分のもの」だと思うから、変えられないと思うし、変えたくない。

この「自分のもの」という認識――多くの価値観は社会の誰かが使っているレンタルの価値観を輸入してきたものです。自分生来のものではないはずなのに、その生来のものではないものをどうやって「自分のもの」と思うことができたのでしょうか？　どうしてそんな離れ技が可能なのでしょうか？

ここで「エゴ」というものがあらためて話題に登場してきます。

実は、**感情移入を司《つかさど》り、「自分のもの」という強力なアイディアを維持させるシステム**

がこのエゴであり、楽に生きるためには知っておくべき重要な概念です。

エゴを理解すると「誰もが完璧」の意味が分かる

エゴとは、「自分は何者である」と定義するものであり、アイデンティティを育てます。そしてアイデンティティを育てる過程で、世の中のいろいろな価値観を積みます。親、きょうだい、学校、友達、社会、メディア、娯楽……いろいろなところから、価値観を仕入れてきて、それによって自分の思う自分像を、観念の中で構成していきます。

たとえば「遅刻は恥」という価値観で育った場合、遅れることは非常に恥ずかしいことであり、もし自分がそうなった場合は自分を軽蔑しなければいけないし、他人がそれをしたときも他人を軽蔑しないといけないという考えを、「エゴ」は自らに叩《たた》き込みます。

このように「自分のもの」という認識づけを行うエゴがいて、そのエゴが「アイデンティティ」に紐《ひも》づいているからこそ、ある価値観などを強固に維持し続けることに人は成功してきました。

この「自分のもの」「アイデンティティ」にがっつりつなげるための糊が「**自分の価値**」というものです。たとえば、遅刻はダメだと教育されていながら遅刻を続けてしまう場合、「自分はダメな人間だ」と自らの価値とつなげて考えることが多いでしょう。また「努力をしなさい」という価値観の中で育った場合、努力ができていると自分を好きでいられるように、やはり自らの価値とつなげて考えるでしょう。

このように**「自分の自分に対する思い」が常に人質に取られて連動している**からこそ、強烈な臨場感を持ってその価値観を維持し続けることができるわけです。

しかし、もしまったく同じ赤ちゃんのあなたが、「時間なんて30分遅れてもいい」という価値観の地域で生まれた場合、まったく違う価値観を積むことになります。

ここから分かるのは、**あなたという人は、純粋な体験の主体の箱であり、本来価値観やそれに伴うアイデンティティ（エゴの思う自分像）などからは一線を画《かく》した絶対的なものである**ということです。

価値観は、時代、地域や場所などの偶然性によって、たまたま積むに至ったアクセサリーにすぎません。同じパソコンでも、持ち主によって中身が変わるのと同じです。あなた自体は、後付けの価値観とはまったくイコールになりえませんし、むしろ**あなたの方が観念を採用する母体ですので、価値観や観念と比べてみても、あなたという存在は、規模レベルでも確実に巨大です。**

この規模の違いを認識してみるとき、「誰もが完璧」という言葉は、より真実味を帯びてきます。

エゴが後から積んだ価値観を「自分」だと認識し、それに没頭する中でその狭い定義での「完璧」を「完璧」だと信じてきただけなのだと分かると、「完璧なわけがない」というのは「自分の知っている定義上の『完璧』ではない」ことであり、ある価値観においての「完璧」しか取り扱っていないため、取りこぼされているものがたくさんあることに気づけます。たまたま偶然積んだ情報に合わせて選り好みし、その情報に合致している場合のみを「完璧」と呼び、それ以外を「ダメ」と排除していたにすぎない、ということです。そうなってくると、「自己肯定」と同じように「完璧」すらも定義の見直しが十分に図れて当然というわけです。

赤ちゃんも大人も存在しているだけで素晴らしい

結局わたしたちは、大人になる過程で「余計なものを積んでしまった」とも言えます。不幸そうな赤ちゃんや「自分の価値は不足している」と悩んでいる赤ちゃんはいません。彼らは、森羅万象の一部としてただ、ばーん！と存在しています。その尊さは、成長しようと本来は変わるものではないはずです。

では、もし成長していくうちにそれが失われているように見えるとしたら、それは「価値が失われたように見える余計な価値観を積んだから・教育したから」に他なりません。

そう考えると、あなたは、まったく新しい入手困難な何かを見つけにいく必要はなく、**今この瞬間も、あなたの土台にはちゃんと本来ある森羅万象の一部としての価値——赤ちゃんの頃の価値・話題にするまでもない自己肯定があり、それを思い出すだけでいい**のだ、ということになります。

ですから、どうか「絶対に無理だ、そんな難しいことはできない！」と、難易度を上げて悲観しないでください。「絶対に無理」というのもエゴの思い込みにすぎません。
となると「じゃあ、普通にもう存在しているだけで幸せということですか？」という疑問が湧くと思いますが、**はい、そうです！**

もしかしたら、この話を聞いて「あれ、でもそれって……、退屈じゃない？　何かを達成しようとか、がんばろうとか、勝ち取ろうとか、悩んだ末にやり遂げるとか、そういうのはないんでしょ？」と思った方、絶対にいらっしゃると思います。**その感覚こそが、わたしたちがエゴの在り方に感情移入することを、自ら楽しんでいる証拠**です。つまり、わたしたちの正体は、エゴの煩悶《はんもん》すら楽しんでいる、絶対強者なのです。

そうだとしたら、エゴでアイデンティティをつなげ、観念ゲームの中で苦しむこと自体もやはり価値ある選択ですし、尊い遊びであって、観念ゲームにどハマりしている瞬間ですら、価値そのものだと言うこともできます。
ゲームにハマっているから劣っているとか、俯瞰《ふかん》できているから優れているなんてことはなく、どちらも等しく素晴らしく、主体的に自由意志を持ってやりたいことをやっている。つまり、**あなたがあなたでいる限り、どのように生きてどのようなゲームに挑戦しても、価値があり、完璧だ**ということです。

それによって、エゴに感情移入するというゲームに没頭しているときも、客観的に「あ、楽しんでいるな」と落ち着いて見ることができるようになります。本気で振り回されて消耗してしまわなくてもよくなります。これこそが本当にゲームを楽しむ作法なはずです。トランプに負けたことを、何年も根に持ったりはしないのと同じように、どうせやるのならゲーマーシップに則《のっと》ってやった方が、断然に楽しみ尽くせますし、切り替えも早くなるのは明白です。

自分を生きることで自給自足の幸福感が得られる

さて、そんなわけで、わたしたちのエゴはそのゲームのルール内で、どうにか自分、つまりエゴに自分の価値を証明しようとしてきたわけです。

そう考えると、「他の人に自分の価値を証明したい」「社会に証明したい」「見せつけたい」と認識している場合でも、実は「**楽しみのために、自分のエゴに証明したい、見せつけたい**」と思ってやっていたと言えます。価値観を積んだエゴが、価値観を積んだエゴに見せつけたい、自作自演のゲームです。

ゲームというのは、それを達成することが自分を面白がらせると思っているからこそ参加するのであって、自分にとって没頭も面白みも感じられないゲームなどにけ、初めから参戦もしません。自分が承知のうえで、あるレンタルの価値観を輸入し、参戦しています。「いや、自分が人生で体験しているのは、そんなゲームなんて呑気《のんき》な話じゃない！　他人から植え付けられた価値観で苦しい思いをしてる。好んで参戦なんてしてない！」

そう思う場合も多いでしょう。その気持ちも分かります。しんどいでしょう。恨みたくなるでしょう。それでもそういう方にこそ、他人や社会相手に消耗せず、さらっと自分に力を取り戻すことをおすすめします。

自分のエゴの積んだ価値観への同化は自分が主体的に楽しんでいるのを認めることによってこそ緩めることができます。逆に自分を除いて、この世の誰ひとりそれを行うことはできません。ですから無力感を持つ代わりに主体性を持ってみてください。そうすることで自由度を取り戻すことも、新しい可能性を開くこともできます。

それに、しんどく恐ろしくつらい体験を選び体験する主というのは、それだけアンラッキーだとか神様に愛されていないなどではなく、むしろタフで好奇心旺盛で勇敢だということです。**タフだからこそ、普通の人が耐えられないようなゲームにも参戦できてしまうわけです。**ですから、むしろご自分の力のすごさだと認識し、今度はそのタフさを自分が自分として生きることを肯定してあげることに向けると、急速にご自身に自給自足の幸福感を取り戻せます。

「本当の自分」とは、「エゴで楽しめないことも、むしろ味わって楽しんでいる主」であるということを念頭に置いてみてください。今までとは全く違う価値観です。「自分がフルに楽しんでいて、これでいいのが、何を感じてもいいのが」という安堵。この自分の体験への友好的な認識と肯定が、実際に新しい種類の幸福・安心感をもたらしてくれます。

人間関係で消耗したときに思い出してほしいこと

以上を踏まえると、誰もが、自分のエゴの言い分に感情移入して選択したルールに則って「自らが自らを好きだと思えるか、思えないか」という一人相撲をやっているだけだということも見えてきます。これがはっきりするだけでも、人間関係もかなり根本的な視点で眺め直すことができ、楽になりやすいです。**自分は自分、他人は他人のコンセプトがはっきりと入る**からです。

たとえば、あなたにきつく当たってくる人がいるとき、「どうしてあんな嫌な人なんだろう」と憎んで消耗したり、「自分の何かが劣っているから人を不快にさせるのかな？だからこんなふうにきつくされてしまうのかな」と悩んだりすると思います。けれどそれはどちらもやらなくてよくなります。

なぜなら**その人は、その人のエゴの使っているルールに従い**、「自分の選んだルールを使って自分（エゴ）に好かれたい」だけだからです。

その「自分の決めたルール上の自分に好かれる旅」を楽しんでいらっしゃるその人が、たまたま、あなたという登場人物との化学反応の中で、自分自身を嫌わなければならなくなったとき、「自分が自分を嫌っている」ことを受け入れないために、「外にいるあいつのせいで今自分はこんなに気分が悪いのだ」と原因をすりかえ、その結果、あなたを攻撃することがあるだけです。

たとえば、その人のエゴ自身が「自分は仕事が下手くそだ、要領が悪い」と思っているとき、「あれ、そんな大変なやり方をしてるんですか？　こうやるともっと早いのに」と親切心で教えてくれる人がいたとしても、「自分の要領の悪さをバカにされた」とエゴが勘違いすると、その相手の人は、自分が自分を嫌いだと思うことを感じさせてくる人になるため、「嫌いな人」「嫌な人」という認識になります。なので、言ってしまえば怒っている人は**自分と自分（エゴ）の関係での不具合に怒っているのであって、そこにあなたは含まれていません**。関係がありません。

逆に、あなたが誰かに怒りを感じるときも同じです。

そんなときは、「怒ってるな、わたしのエゴ。あ、でもこれは相手には関係ないな。相手はどうでもいい。自分と自分の関係なんだよな。エゴは自分を肯定しているとしても、それも可愛らしいものだ。自分は自分を完全に肯定しよう」と、いったん自分の中を見直してみることをおすすめします。他人の不機嫌を引き受けない代わりに、自分は自分を肯定する。これは我慢ではなく、自分に力を取り戻せるチャンスです。相互に絡まり合ったエゴから一抜けして楽になっていってみましょう。

人は誰もが自分と自分の関係をやっているだけ。

自分と自分の関係が悪くなる引き金となる人は「嫌な人」に認定される。

また、こういう話になると、「エゴで消耗している人間は未熟だ」という認識になりがちですが、そうではありませんのでお気をつけください。実は**誰でも、本当はタフで、好奇心があって、そして寛容で美しく優しい神様のような存在です。**実際、毎瞬自分の意識で自分の体験することを作り出して観察しているので、自分の人生の神様と言っても過言ではありません。

その神様が、あえて人間ゲームにトライしていると捉えてください。「ちょっと人間みたいに不完全なものを体験してみよう」というふうにして、どの神様も、エゴでルールを持ち込み自分と自分の関係でギスギスしてみるといったことを楽しんでいるだけです（神様という表現に抵抗がある方は、意識、観察主、赤ちゃんなど、違う言葉に言い換えていただいても大丈夫です）。

なので「あの人も本当は神様なんだな」と捉えることができると、「そうか、自分はあの神様がゲームで楽しんでいらっしゃる**エゴが嫌なだけで、あの神様そのものが嫌いなわけじゃないんだな**」と理解もできます。人を嫌うというのはかなり疲弊しますから、人を嫌わなくていいと分かった時点で、自分の中のエネルギーが戻ってくるのを感じられるはずです（これは、友達と喧嘩《けんか》をしたあと、仲直りをした瞬間に心に湧き上がる安堵感など

「あの人は本当は神様で、困っている弱い存在ではない。すごい方だ」
と眺めてみると、本当の意味での応援になる。
自分にやってもOK！

をイメージすると分かりやすいです。ふっと体の力が抜けて、頬が緩むような感覚を味わったことがあるのではないでしょうか）。

そしてさらに、**この「神様扱い」は自分にも適用できます**。

自分がエゴの負の感情に感情移入して訳が分からなくなっているとき、「そうだ。もともと自分は神様で、その神様が不完全を体験するためにこんな気持ちをわざと抱いたりすることを選んでいるんだから、本当はこれも計算し尽くされた不完全で、本当の害じゃないんだな」と認識し直せるとしたらどうでしょう。自らを嫌う意図への没頭が止まり、その問題から一歩外に出たメタ的な視点で、まるっと自らの現状やエゴも肯定しやすくなります。

唯一無二の自分をまるっと受け入れる真の自己肯定

フェリファブ哲学では「全方位肯定」を行います。

「全方位肯定」とは「**自分に関わる限り、すべてよし！**」という肯定です。なぜならやはり、内容問わず、経験を楽しみたくて「自分として生きている」からです。

「全方位肯定」と言うと超絶ポジティブのように聞こえますが、「中立・包括、メタ的ポジティブ」と呼ぶ方が近いかもしれません。

ポジティブとは肯定。つまり「いいよ、どんなんでも」という類の、マイナスの毒性すら解毒し、それを楽しんでいることに気づき直すことができる、器の広い肯定こそが本当のポジティブであり、いわゆるネガティブの対義語にあたるポジティブとはレベルが異なります。唯一無二の存在としての自分を議論の余地もなく認める肯定――赤ちゃんが「わたしは価値ある赤ちゃんであろうか？」などと考えないのと同じ状態ですね。あれこれ考えることを超えた巨大で当然な肯定。これこそが真の自己肯定です。

また、全方位肯定のよいところは、とても簡単なところです。

なぜなら、**できなくてもいい**からです！

本当の自己肯定には失敗が存在しないと先ほど言ったのは、まさにこれゆえです。**自分の感じ方に関わる限り「できない＝悪」ではありません。**「肯定することができない！」

というふうになったとしても、「肯定することができない……、**でもいいよ！**」と言ってあげるだけでいいからです。

「そんなものが自己肯定になるか！」と思うでしょう。なるのです。

エゴでどう振舞っていることに感情移入していようと、それを肯定されるとは、ありのままの1分1秒の在り方を肯定されるということです。それだけで自分は満たされてきます。これをわたしは「**ずるい肯定**」と呼んでいます。この肯定によって、エゴの感じることに対しての嫌悪感が薄らぎます。エゴでどう感じても自分に肯定されるからです。嫌悪感とは自分に嫌われる感覚ですから、それが起こらない流れを集中的に作ります。

これは古い自己肯定のルールから見れば、非常にずるいやり方です。これまでは「条件を達成しないのに、ましてやダメダメなのに自分を肯定するなんて、言語道断」という価値観で生きてきたわけですから。しかし、まず自分との関係を整えるためにも、このずるさこそ持っていただきたいものです。

「ずる」というのはルールを無視しているから「ずる」なわけですが、今わたしたちがやろうとしているのは、**レンタルの価値観に根ざして、やっとこさ「自分に価値がある」と肯定するような、自己肯定周りの古いルールをがんがん無視していくことによって、本質的・包括的な自己肯定を行うことです。**

ですから、このずるい全方位肯定こそ、古いやり方を打破して柔軟な視野へ開けていくためにこそ必要なものですから、胸を張って身につけてみてください。

かの有名なアインシュタイン博士は「問題は発生したのと同じ次元では解くことができない」と言っています。同じように、「自分を肯定できない」とレンタルの価値観で思った狭く古い次元の考え方自体から、**一歩外に出てメタ的に認知してみる**ことからしか、実は本質的な自己肯定は始めようがないはずです。「一般的に価値がある・ない」の議論のレベルを超えて、「存在して体験していることそのものが価値」という広さへ抜けていきましょう。

ダメダメな自分を肯定する技術を身につける

この観点を適用すると、「真の自己肯定」もとい全方位肯定とは、ダメダメをダメダメと捉えないだけの広い視野の獲得であり、**ダメダメをいかに自分に肯定してもらうかの技術**とも言えるわけです。

レベル違いのメタ的肯定へと至る、その技術向上のために、以下の言葉の組み合わせを、思いついたときにご自分にかけてあげるようにしてください。

まず始まりの言葉は、たとえばこんな感じです。

- **どんな自分でもいいよ！**
- **ダメダメでもいいよ！**
- **エゴで何を感じてもいいよ！**
- **エゴでそう考えてもいいよ！**

そこに、状況に合わせて任意で以下のフレーズをつなげます。

・自分は自分を嫌いになったりしないよ！
・自分は自分を愛しているよ！
・どうなっても自分の価値とは関係がない！
・どうあっても、自分は完全に楽しんでいる

たとえば、友達に嫉妬してしまったとしましょう。そのときに「エゴで何を感じてもいいよ、嫉妬してもいいよ、どんな自分でも自分を嫌わない！」こんなふうにフレーズを作り、ダメダメを肯定する練習をしてください。

その日その日で変えてもよし、連結して使ってもOKです。言い回しや、長さ、言葉の時制、受動、能動などの文体はご自身にとって一番しっくりくるものをカスタマイズしていただいて大丈夫です。否定形が嫌いという方は、肯定形のみにしていただいても大丈夫です。

これを言ったときに「あ、なんだか楽になった！」「そっか、自分に嫌われないなら、大丈夫だ」「そう考えると、たしかに気にしなくていいや」などと、少しでも気持ちに光がさすような感覚があればＯＫです！

「レンタルの価値観」という言葉を入れるのもありです。「ああ、これはレンタルの観念が嫌がっているだけ。そうなったとしても自分は自分を嫌わない」など。

たとえレンタルの価値観だろうと、自分の中でエゴが何かを確実に嫌がっている部分というのはあるはずです。それは否定しなくてＯＫです。「自分が本気で自分の人生を嫌がっているのではなくて、レンタルの価値観を利用しているエゴが反射的に嫌がっているのだ」と知ることで、**本気で自分を責めたり人生を嫌ったりしなくなります**。自分がレンタルの価値観ではないことを自覚して、自分はもっと寛容に自分の人生を眺められる可能性がわずかにでもあると認識できるだけでも、視座がかなり変わりやすいです。

多くの人が見落とす引き寄せの法則の誤解とは？

ちなみに、自分が一番欲しいものとしての「全方位肯定」を自らに与えることとは、ダイレクトに幸福を感じやすいという巨大な利点がありますが、さらにもう一つ、そこからスタートする利点があります。それは、実は**この在り方が、図らずも意識を使った物事の発生順序に則っている**という点です。

人生は「自分の自分に対する思い」を体験するものなわけですから、結局どのような物事を起こしたとしても、そこから「感じるもの」こそが本質なのであって、『物事の発生順序』と言えども、厳密には「自分の自分に対する思いの発生順序」とも言えます。

ちなみに、引き寄せの法則という類のものを、これまでどこかで耳にされたことがあると思います。これら意識活用の界隈《かいわい》においてよく言及されているのは、**欲しいものを手に入れた状態と同じマインドを先に体験する**という手法です。ここから考えると、実は「一番欲しい自分からの肯定を、もの抜きに先に行う」ことは、こういった意識の仕組みの面から見ても理にかなっているのです。

通常は「自分からの肯定が欲しい」という不足の意識状態から行われるはずのところが、「一番欲しいものを得ている」ところから行動が行われるため、不足の観念が拭われ、自由になるからです。

全方位肯定は、顕在意識で行われながらも、これまでの価値観を覆す巨大なインパクトがあるため、潜在意識（自分を根底の部分で司るもの）にまで染み込んでいくだけの本質的な力を持つ肯定と言えます。

潜在意識のことを一体どうやって顕在意識で触れるのかと思うかもしれませんが、レンタルの価値観が入り込んだときのことを考えてみてください。そのときも顕在意識から入ってきたはずです。先ほど挙げた遅刻の話もそうですね。顕在意識で仕入れた内容が、そのまま潜在意識に根付きます。だとしたら、その解除も、顕在意識から入れることもできるはずです。

それが起こるときというのは特に、インパクト、納得、「たしかにそうだ」と自発的納得が伴う場合です。**この「自発的納得」が起こるのは、レンタルの価値観よりも自分の新たな視野の方が自分にとってリアルで信憑性《しんぴょうせい》があると感じたとき**です。

そしてそれは、自分の実際の感覚によってしか起こりません。ですから、実際に全方位肯定にトライしてみていただきたいのです。理論を理解するだけでは個人にとってのリアルさが足りません。実体験でしか、ご自身を本当に納得させられるものはありません。

なので、ここまでで紹介してきた方法や、このあと紹介するどの方法でもいいので、**自**

分に肯定される「自分にとってのリアルな旨《うま》み」を先に養ってみてください。すると幸福感や落ち着きも得やすくなります。同時にこの幸福感・落ち着きが、意識活用の分野で起きやすい誤用も防いでくれます。

引き寄せの法則や潜在意識の活用などによくある誤用とは、「ものを手に入れたら自分を肯定しよう」「状況をよくすることで自分を好きになろう」など、現実という形を変えることにフォーカスしすぎることで、**「自分の自分に対する思い」の部分を後回しにしてしまうこと**です。鬼上司エゴとの関係を、意識活用の中にまで引き込んでしまっているということですね。鬼上司の言い分のまま、自分の感じ方を無視すると幸福感が置き去りになる可能性があるので注意してください。

「物事の発生順序」と言えども、厳密には「自分の自分に対する思いの発生順序」とも言えると先ほど言いました。となると、引き寄せなどは「物事を引き起こす」と言うよりも「自分の中にある、自分の自分に対する思いを改めて引っ張り出して体験すること」と言えます。

よく鏡の法則などと言われるものもそうですね。鏡の法則とは「世界が自分の心理状態を映し出している鏡だから、そこから学んで自分を整えなさい」というものです。ただ、これを使うとどうしても**出来事の内容で自分を責めてしまう**場合がほとんどです。「こんな状況を引き起こしているということは、自分の何かが悪いんだ……！」と。

それは「鏡の法則を使って知るべきところ」が違うようにわたしは思います。出来事の内容が自分を決定するのではなく、**それを見たとき何を感じるかこそが「自分の、自分の人生に対する印象」であり、その印象の中にあるエゴのノイズに気がつくことができます。**

鏡の法則を使って「どこをとっても自分の潜在意識の不具合の起きている場所に行き当たる」という体験をして疲れ切ってしまっている方こそ安心してください。あなたが今特定の楽しくない出来事を体験されているとしたら、「潜在意識の不具合」「自分の汚いところ」の因果応報の結果などではなく、単に「修復可能な自分と自分の関係の部位・伸び代」を提示されているだけなのです。ですから「なんだ、もっと楽に自由になれるのか！」と喜んでいただければと思います。

というのも、**世間で言うところの分かりやすい「よさげな結果」が、個人にとって必ずしも「よい感覚の現れ」とは限らない**からです。

たとえば、ヒヤヒヤ、焦ったりしながら、成功することもできます。不安、苛立ちなどを抱きながらプロポーズされることもできます。つまり、その場合は、成功が「ヒヤヒヤ」「焦り」、プロポーズが「不安」「苛立ち」を辻褄合わせ的に体験させてくれるイベントとしてそこに登場しているだけです。

だからこそ、正直に「自分だけが知っている、自分の自分に対する思いを体験する」という仕組みを知っていると、ただ物事の様子のみで判断せず、自分と自分の関係を整えるチャンスにできます。

「出来事の内容」ではなくて「自分の感じ方」の方を捉えてみる例を出します。

たとえば「お皿が割れた！　……っていうことは何か自分が悪いのか？」というふうに「よくないこと＝自分の何かが悪い？」ではなく、よい悪いをいったん脇に退けて「**今、どう感じた？**」の方をありのまま捉えてみます。もしそのとき割れたものを見て「何だかすっきり」と感じたのならば、それは、「すっきり」の現れとしての現象であるし、「うわ、不吉」と思ったのなら、「ああ、そういうレンタルの観念を積んでいたのか」と気づけます。

もちろん、あらゆるリアクションよりも先に、「よくないこと＝自分の何かが悪い？」

出来事の内容は幸・不幸の「体感」とは関係ない。
裕福で恵まれているから幸福とも限らないし、
その日暮らしだから不幸とも限らない。
すべては自分と自分の関係。

と古い習慣的に思う場合もあるでしょう。こういうときは、「自分の何かが悪い？と疑う癖」の現れです。エゴの言い分を含め、すべて嘘をつかずにありのまま気づいてあげる方がお得です。気づいたところで、自身ではなくエゴの言い分ですので問題ありません。

「ものが壊れたのにすっきり、なんて思うのはいけないかな」（いけないかな、と責めるエゴの癖）や、「うわ、不吉なんて、ネガティブなこと思って」（ネガティブを責めるエゴの癖）というように、エゴの気持ちの癖が出てきたときもそれに気づいてあげます。何種類でも、出てきたものをありのまま知ることによって、どんなエゴの価値観やエゴの自分を責める構造・習慣があるかに気づけます。

見つけても忌み嫌わなくてＯＫです。**気づければ、その分、自分の中の大掃除ができます。それより外の視座に出られます。外に出られれば、主権を取り戻し、よりリラックスできます。**

ほとんどのレンタルの価値観は些細《ささい》なところで入り込んだ取るに足らないものです。よくアニメなどで、誰かが大変な目に遭っているときに、まったく違うところにいる人のお皿が割れたりする描写があったりするために、脳裏に刷り込まれてしまっているだけです。レンタルの価値観の正体にさえ気づけば、「なーんだ！」と拍子抜けすることも多いです。

レンタルの価値観を拾えた分だけラッキーなゲームと思ってみると楽しくなるはずですし、実際、**価値観の大掃除が始まると、「真剣に悩む」から「大掃除したい！」へ興味が推移する**ので、気づくと、もう悩んでいる状態ではなくなっていたりします。ぜひやってみてください。

このように、観察の主である自分の意識が自然と変わり、体験の仕方が変わり、望みが変わり、認識が変わり、結果として、世の中では「引き寄せ」と呼ばれる、自分と自分の関係が心地よい体験や流れへと、自ずから変化していくことが起きます。

なので、どちらかと言うと、「現段階で想像した通りのものを手に入れる！」という引き寄せ像よりも、**「自分を整え、満たすことで成長し、想像を超えた形で自分が満たされる」**方向性をイメージしてみてください。

たとえば、自分を一人前の大人だと感じたいがために家庭が欲しいと思っていた場合、自分（エゴ）が単なる社会の考え方と照らし合わせて「自分は未熟だ」と決めつけていたことに気がつきます。「エゴはたとえそう言っても、それは本質じゃない。自分はそれを面白がっているだけなんだな、自分ってすごいね、楽しんでいるね」と扱っていくうちに、自分がそれを嫌悪しなくなり自分を許し、自分の心地よい生き方を見つけ、「家庭を手に入れたい」と思っていた頃に目指していた幸福感をはるかに上回る幸福感や自己肯定感などを手に入れることもありえます。そして、そのときに、「自分は家庭というトピックにこだわっていたけれど、実はこのいつでも自分に肯定される感覚が、子供の頃からずっと欲しかった……！　それを手に入れた」と気がついたりします。まさに軌道修正の入った、本質の引き寄せ（体現）です。

また、その「自分が自分をすでに肯定している状態」から家庭を求めると、自己否定をしていた頃よりも何倍も整った下地からのスタートとなりますし、理想も、トピックとの関わり方も、体験も、学びも変わってくるのは明白です。

このように、想像もつかない可能性を加味した成長を計算に入れ込んだ引き寄せというのが、実は最も理想的な引き寄せ像のはずです。幸福感すら成長に伴い変化します。現段階で思いつく範囲の完璧を目指すのでなく、変化・成長をこそ風通しよく楽しんでどんなふうになるかワクワクしてみましょう。

また、もちろんこの「自分と自分の関係を心地よくしておくこと」は引き寄せ・意識のことなどをまったく信じていない方にとっても朗報です。

誰にとっても一番欲しいもの＝幸福が「自分からの肯定」であることには変わりありません。つまり、一番欲しいものを先に自分で与えることができると知ることは、人生に大きな安心をもたらしますし、**自分からの肯定を先に手に入れれば、本当にやりたいことや、やるべきことも明らかになりやすい**です。

自分が先に自分によって満たされているので、「自分（エゴ）に褒められるためにやろう」と下心で行わなくなるため、より自分軸で生きられます。それをやっているだけで、意図せずとも意識の仕組みには則っていますから、下手に引き寄せなどをがんばっているよりも簡単に、変化を実現されることもあるかもしれません。

以上の観点から、**自分の中の自分に対する無条件の全方位肯定**を行うことで主体性を取り戻して生きることは、幸福感という本質に作用しますので、あらゆる段階のあらゆる考え方の方々においても、楽に生きるためには、やって得しかないと言えます。

この全方位肯定は、とても重要なので、本書を通じて詳しく説明していきます。一緒にゆっくり落とし込んでいきましょう。

第2章

悩みや葛藤の原因「エゴ」の正体とは？

さて、第2章では「エゴ」の理解とその扱い方についてさらに詳しく説明していきたいと思います。この「エゴ」を知ることができると、自己理解、さらには自分を好きだと思うこともシンプルになる、とても重要な項目です。

エゴを「狭い自我」とわたしが定義する理由

エゴとは心理学や哲学、いろいろなところで定義のある言葉ですが、フェリファブ哲学では「**狭い認識の自我**」という意味で使っています。**楽に生きるとは「狭いところから広いところへ出る」というイメージ**なのですが、エゴの傾向は、ちょうどその逆を行くものです。

エゴは「わたしは何者」という「自己像」を保持しようとしたり、思い通りになるようコントロールしたりします。また、その「自己像」を作る過程において、あらゆる価値観をいろいろなところから拾ってきては、「自己像」の材料として積んでいきます。

このように、どこかで積んだ価値観に則って、自分のアイデンティティや価値を決めようとするので、「狭い」と定義をしています。小さい服を無理やり着ようとしているイメージです。

「ビジネスで成功する」「素敵な配偶者を手に入れた人になる」「いつでもニコニコしている人になる」など、いろいろな小さい服があり、**その服にフィットする自分にならないと自分を好きだと思えない**というように自らを縮めて小さい服に合わせるため、「狭い」わけです。それを求めてはいけないのではなく、**「自分を好きだと思うために」それを求めることと自体がしんどい生き方につながってしまう**から、そこに気づく必要があるということです。

また、器としても狭いです。自分の信じ込んだ価値観にフィットしない自分を切り捨て、嫌う傾向があるからです。しかし、本当は自分が自分を嫌いようがありません。たまたま居合わせた時代や文化によって後付けされた価値観に、唯一無二の自分が平伏する必要などないのです。

しかしエゴにはそういう、狭い器でしか自分を捉えることができず、自分を取りこぼす傾向があるので「狭い認識の自我」と言うわけです。小我などという言葉も近いように思います。ただ、「我」というと、「自分」という認識になってしまいますが、これはどちらかというと「システム化」しており、ほぼ機械的に反射するようにできている無機質なものです。実は中身がスカスカだったりもするため、満足に「自分」とは言い難いともわたしは感じています。

たとえば、「30歳の、日本人の、女の、婚活中の、転職活動中の……」などとどんどんいろいろな形容詞をつけていくと、あなたという像が出来上がるように見えながら、それは形容詞の集まりであり、あなた当人ではありません。

しかし、たとえば「30代女性でまだ結婚していないなんて」などの社会的な価値観があるとき、「自分は、結婚するべき30代の女性だ」と思っているエゴは「傷ついた！」と反射的に思うようにできています。「自分の価値が下がった！」とエゴは騒ぎます。しかし実際のところ、わたしたちは、**そのエゴを自分だと思い込み、感情移入を体験しているだけなのです。**

なぜ人は些細な物事に感情移入してしまうのか

第1章で**感情移入**という言葉を紹介したので、もう少し細かく見ていきます。

これは、巨大なものが狭いものに心を奪われるところをイメージするのにとてもよい言葉です。

たとえば、スマートフォンでNetflixを見ているとき、その小さい画面の豆粒のような人の顔に感情移入ができます。「狭い」とはこういうイメージです。

周りを見ればもっと他にもいろいろなものがあるのに、一つの部分だけに集中し、そこで自分の価値を論じてしまう。それは感情移入によるものでしかありえません。

ではなぜ、狭い視野をエゴは好むか。

それは**「ルール」として楽しんでいる**からです。

サッカーで「手を使ってはいけない」と**制限を加えることでゲームが面白くなるのと同様に、狭い視野に限定することで、ストーリーが生まれます。**たとえば、本当は、人間というのはただ天地の間にいればいい生き物ですが、白髪が気になる「人間の文明社会」という世界の主人公としての「自己像」に感情移入すると、白髪があるだけで自らを嫌い（先ほど出たエゴの傾向ですね）、ため息をつくことができます。これは、映画を見ていて、自分の気になるキャラクターに感情移入できるのと同じで、エゴのたずさえているキャラ像への感情移入です。

「若くなくてはいけない」「美人でなければいけない」「痩せていないといけない」「知的でないといけない」エゴは、アイデンティティを築き上げ、キャラ像を作ることが大好きです。しかしそのキャラ像は、思考の遊戯のうえのキャラ像にすぎず、その像が本当に存在するわけではありません。

生きることが苦しいとしたら、それは、狭いキャラ像の範囲を自分だと勘違いしてきたからです。本当はもっと、想像以上に広い側面を持っていますので、「あ、狭いところに没頭して入り込んでいた！」と、その気づきを促していくことが大切です。

エゴは雇われの演出部長。そのままでもいい

狭いところから広いところに出るために重要なのは、**エゴそのものに対する印象の変更**です。

「エゴ」という響き自体にある種屈辱的な「汚い」「うっとうしい敵」という先入観があると思いますが、これは罠《わな》ですのでまずは払拭《ふっしょく》しておきましょう。

というのも、エゴの狭い視野に感情移入することを楽しんでいるのは、**広い方の自分**なのです。自分でエゴを雇って、「楽しませてください」と言って楽しませてもらっている。お金を払って映画館に行くのと同じです。エゴは、雇われの「狭い世界の演出部長」にすぎませんので、罪はありません。機能通りの働きをしているだけです。

そして、人間には誰もにこのエゴが備わっています。もちろん、動物にも備わっていますね。好きなように生き、好きなように振る舞いたいという天然のエゴですが、人間のエゴはその何倍も高度でねじれて難しくなっています。

難しい理由は、**自分を好きでいるために、自分という人間像（キャラ像）をこうしたいという架空のところまでをいじろうとするから**です。目に見えないものを信じない方が多いですが、わたしたちのエゴは「見えないキャラ像を肥やすことに奮闘中」というわけです。

しかし、それもまたそれでよし。それは誰もが持っている人間のデフォルト設定であり、別に悪いものではありません。基本的に自我というものは、個が、他の個とは違う個体として存在し、区別し守るための道具ですが、それが高じてくると、個が人間ゲームの中で自らの存在を大切に守るだけでなく、理想像のために自分を叱咤《しった》したり、生きづらくしたりするというだけで、**本来は自分を守るはずの免疫機能が自分を攻撃してしまう**のと同じです。

そしてこれはもうシステムですので、あなた個人の意思や性格、価値とはあまり関係がありません。そういうゲームのための、デフォルト設定だと割り切ってください。デフォルト設定なので、結論、別にエゴはそのままでもいい。そう考えると簡単じゃないでしょうか。

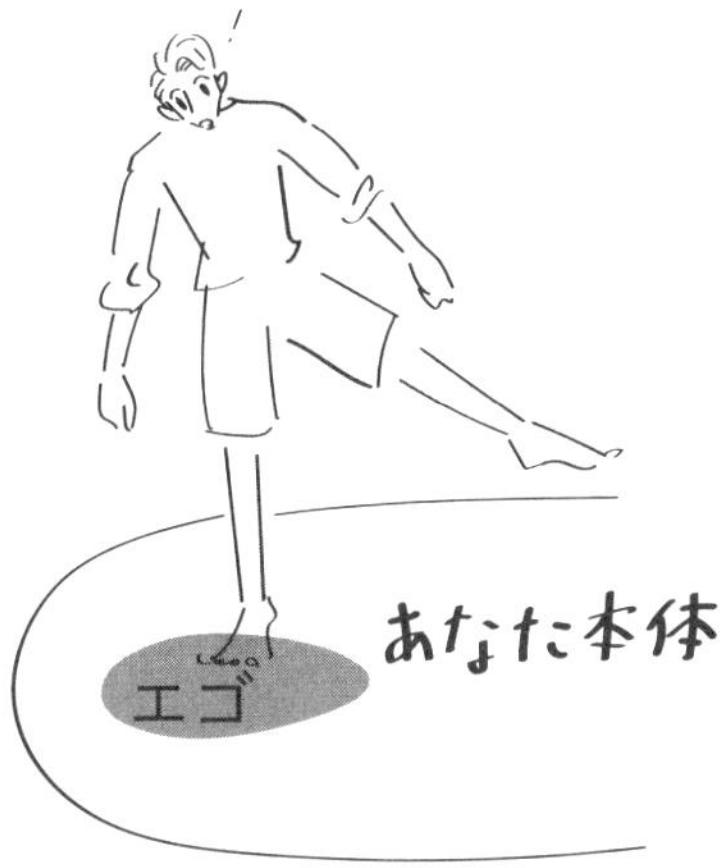

エゴだけを「自分」と思い込んで、片足重心になっている。

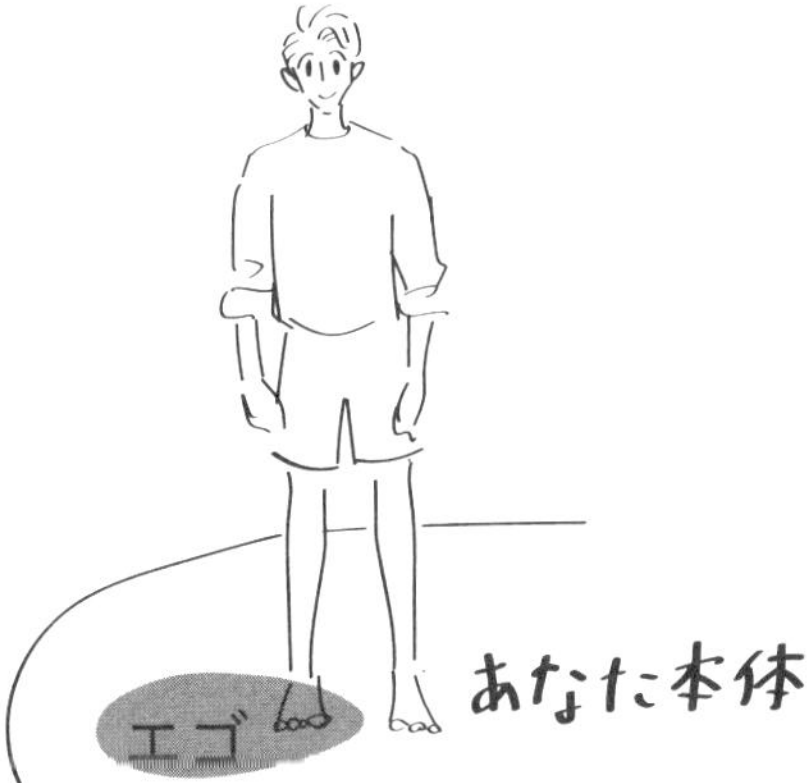

エゴも含んだ「本体」としてバランスよく立ってみよう
(エゴを避けて立つ必要はない)。

「俺の酒が呑めねぇのか！」に見る同化の危うさ

エゴはそのままでいいとして、では一体わたしたちは何をすべきなのかというと「**エゴを自分だと思っている時間を短くする**」ことです。これによって、本当は自分が何を楽しんでいる立場なのかを思い出しやすくなります。

基本の自己認識の状態が、狭い自分（エゴ）と本当の自分の陣地に片足ずつ足を突っ込んでいる状態だとします。けれど時々、どっぷりエゴの方ばかりで自己認識を運営し、完全に片足立ちをしていることがあります。それに気づき、その比重を最低でも中央に戻せれば、楽になる可能性がぐんと上がるということです（前ページのイメージ図を参照）。

この片足立ちになっている状態はかなり多く、そもそも片足立ちになっていることにすら気づかないこともあります。なぜなら、エゴは自分を責めるような考え方すらも「わたしが・俺がそう思っている」というふうに感情移入して思い込むことを可能にさせる演出のプロだからです。このエゴのプロフェッショナルぶりを甘く見てはいけません。しれっと、「自分がそうやっている」と思わせてきます。まさに感情移入、気がついたら自分自身を、映画の主人公だと思い込んでいるようなものです。その力がとてつもなく強力なわけです。

このエゴの能力に引っ張られて、その言い分のままの体感でいることを、**感情移入のほかに「同化」ともフェリファブ哲学では呼んでいます。**「属する」という感覚をイメージしてみるのもいいかもしれません。

一番分かりやすいのは、**立場への同化**です。立場に同化することで、アイデンティティを強化し、それを自分と思い込むことができます。

たとえば、あなたがある会社に属しているとします。あなたはその会社なんていつもは別に好きでもなんともなく、「むしろ嫌いだ、こんな会社！」と思っていたとします。それでも、もし第三者に「あなたの会社は最低」とか「ひどい商品を作っている」「そんな会社絶対に入りたくない」などと言われると、「あんたに言われる筋合いはない」とムッとしたりします。これは知らない間に会社・組織に同化している例です。会社員でいるというアイデンティティへの感情移入ですね。

また、自分が女性の場合、普段は自分が女性だということへの特別な意識があるわけでなくても、「女性はバカだ」と言われるとムッとします。同じように「日本人は劣っている」と言われた場合や、自分の出身地や出身校をバカにされたときなどに、当事者はムッとするでしょう。これは、ジェンダー、業界、地域、年齢、嗜好《しこう》、国籍、考え方、信仰、文化など、チームに自分が属している場合の「同化」の感覚です。**コミュニティに属していたいというエゴが無意識にもたらすもの**だと思われます。その属しているチームの一進一退と自分をつなげて考える反射神経です。

他にも顕著な同化は、**コントロールへの同化**です。これもある種の立場への同化です。これは2歳頃から人間が持つ「自分のコントロール通りにしたい」という欲望のエゴですが、「何事も思うようにスムーズにできないと自分の気持ちが落ちてしまう」という連動の仕方です。

たとえば、掃除中に掃除機の充電が切れたりすると、それだけでイライラします。これは考えてみればすごいことです。なぜなら、本来はそんなことが自分の気持ちを左右するなんてこと自体がないからです。掃除機の充電の状態が、直接的に自分の脳の神経に連動しているわけでもない。だから**連動して考えさせる強制力は当然ない。それなのに、つなげて考えることができるのが、エゴのシステムです。**

これは目玉焼きを食べている人に「塩で食べるのがおいしいよ」とすすめたときに、「うん」と生返事をしながら醤油をかけられるとカチンとくるのと同様です。実際、誰がどうやって目玉焼きを食べようが自分の価値とは関係ないのに、自分の提案が通らなかったというだけで「**自分が**軽視された（価値が下がった）」と同化して捉えるのがエゴです。

「俺の酒が呑めねぇのか！」も同じ原理です。誰の酒でもありませんが、「自分が注いだ・注ごうとしている」ものを断られるだけで「**自分が**否定された」と感じる。仕事中などにも起きやすいです。自分は、たまたまその会社に入って、たまたまその仕事を担っているだけなのに、まるでそれと一体化して、それがうまく進まないだけで心底イライラします。

専門家が、一般人の言い分を「素人さんは分かってない」とイライラするのも、よくある「職業エゴ」です。また、人から相談を受けたとしても、たとえばその人が職場のひどい環境や会社からの不当な扱いの話をしたりすると、自分までもがその見たことすらない職場の環境を憎んで、イライラしたり憤慨したりすることができてしまいます。まさにこれも「人情エゴ」、感情移入です。

こう言うと、「人情じゃないですか！　それをなくしたらいけない！」と思われるかもしれませんが、あなたが怒ることによって相手に何かをしてあげられるわけでもありません。わざわざあなたがそこでしんどくなったり憤慨しないでも、問題を解決することはできますし、相手の思いを尊重し、サポートすることもできます。

ですから、こう考えてみると、実際は**結構な割合のイライラやしんどい感情が、偶然居合わせた立場の同化に根ざしている**ことが分かってきます。逆に、個人の本質とはあまり関係がないとも言えるのが理解できるでしょう。

あなたの中にあるエゴはあなたの本当の姿ではない

この**「個人の本質とは関係がない」というところがとても大切**です。後付けの価値観と照らし合わせてエゴが怒ったり喚《わめ》いたりしているとしても、それは「あなたが」怒ったり喚いたりしているわけではありません。つまり、そういう感情の渦中に入ったときも「**あれ、これ、怒っているのはエゴだ**」と気がついてあげることで、先ほどのエゴの片足重心だったことに「はっ！」と気がつきます。

そして同時に「自分が怒りんぼだとか、イライラ癖のある人、器の小さい人間というわけではなかったんだ！」と冷静に気がついてくるので、自分を嫌う痛みから解放されます。ここがフェリファブ哲学が「無痛」で簡単と言われる理由です。**エゴのシステムで自分を嫌う必要などありません。**

さらに、「なんだ、エゴが感じているだけか。まあエゴは無意識に同化しているんだし、当然そうやって反応するし、傷つくだろうね」と**いい意味で他人事《ひとごと》になって認めてあげることでこそ、逆にエゴを受け入れることができます。**「別にそう感じてもいいよ、エゴで何を思ってもいいよ。ただの教育済みのエゴの条件反射なんだから」と自分と別物としておおらかに捉えることで、エゴを否定しないでも済みます。

これは「**自分は狭いエゴすら楽しめる、余裕たっぷりの広い存在だ**」と再確認できるきっかけにもなり、やっていくうちに「あ、狭いな」という気づきの瞬間が増えてきます。

そして、エゴが狭いこと自体も責めなくなる。どちらも嫌わずどちらも傷つけずに冷静に分類することで、エゴにも自分にも優しくなることができます。

「エゴは自分なんだから『自分のものじゃない』わけがない。分類なんかしようがないでしょう」と思う方もいらっしゃるでしょう。

たしかに、エゴはそもそも個を運営するためのものであり、基本的に個として生きる限り、エゴ抜きで生きることはできません。こうわたしが書いているときも、やはり個人を運営しているわけですし、「書くぞ」というエゴの意思で着手し、言語を用いてみなさんのエゴに語りかけ説得しているわけですから、エゴの活動です。

しかし、エゴと言っても、**自分のありのままの意識を無理なく発揮させてくれる自然エゴと、自分のありのままをねじ曲げる不自然エゴ**とがいて、大抵の場合は後者がいたずらをして、生きづらさを生んでいます。そのため、フェリファブ哲学で、あえてトピックとして扱うエゴは、後者のエゴです（前者の自然エゴは、とりわけ言及して扱わなくても悪さをしないステルスなエゴだからです）。

もちろんこの後者の「不自然エゴ」も自分の中の一側面ではあります。しかし、「狭

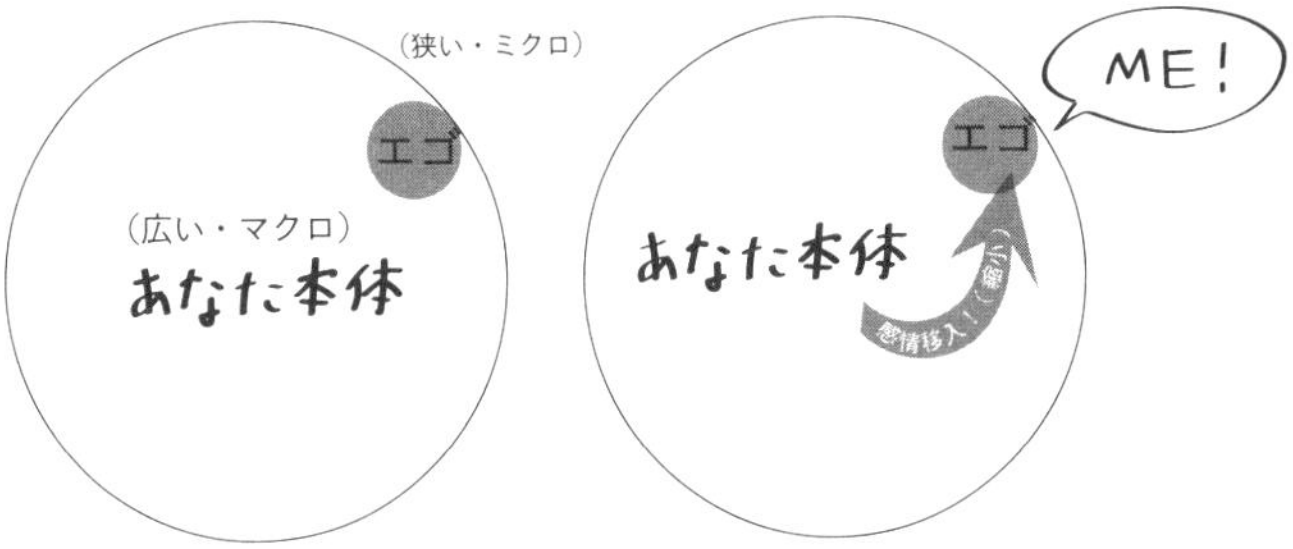

エゴは、あなたの本体の中の小さく狭い構造。
エゴは、あなたの本体に包括され、含まれている。

自分を「人差し指の爪」だと
思っているのはこんな感じ。

「グレーのところでなくなる」
のではなく、
「グレーも含む巨大な自分」
だと認識する。

い」です。

「わたしはエゴじゃない」という発言の真意は、「**わたしは、狭い方のわたしではない**」という意味です。

たとえば、あなたは、人差し指の爪でしょうか？　たしかに人差し指の爪もあなたの一部ではありますが、あなたというのは体全体のことですよね。でももしあなたが、人差し指の爪を「自分だ」と定義して生活をする場合、当然おかしなことになるでしょう。

このように自分という世界で、どんどん価値観を背負って緊張しながら「価値のない」ふりをしてミクロに入っていき遊ぶことを可能にするのがエゴです。一方で、価値議論から勝手に自由になっていき、マクロに出ていって遊ぶこともできます。また、広い方の自己認識には、狭い方の自己認識も包括されているので、否定や取りこぼしはありません。

ですので、安心して「自分はエゴじゃない」と言ってみてください。そして、今まではエゴとエゴの関係だったところから、自分と自分の関係に戻してみます。

「エゴとエゴの関係」から「自分と自分の関係」へ

「自分と自分の関係」の中に、「エゴとエゴの関係」も包括されています。

つまり「自分と自分の関係に戻る」とは、**分類のスケールが大きくなる**ということです。「ネコ→哺乳類」へと抽象度を上げるようなものですね。「エゴとエゴ」の狭い関係から、「自分と自分」というより大きく、広い分類の関係に戻すことについて言及してみたいと思います。

そして、それにあたり、「自分と自分の関係」「エゴとエゴの関係」という表現をしたときに「ちょっと待って、自分やエゴって何人もいるんですか?」と思われた方もいらっしゃると思いますので、分かりやすいように解説しておきます。

「自分と自分の関係」。これは、「自分」という構造が「する側・される側」の両方を担っている特殊な仕組みゆえの表現です。

たとえば自分が自分に愛されるとき、自分は愛する側でありながら、愛される側でもあります。嫌うときも同様で、嫌う側でもありながら、嫌われる側でもあるはずです。これはエゴにも言えます。エゴも「する側・される側」の両方を担っているので、エゴの役割はおおまかに「する側：教育・監視・批判・褒めるエゴ」と、「される側：教育され・監視され・傷つき・褒められるエゴ」の一人二側面の役を担っています。

エゴは、自らがレンタルの価値観を積んで自らを教育するとともに、その自らが自らに積んだルールによってこそ自らを罰しますし、褒めます。同時に、教育された側でもあるエゴは、その教育エゴの非難に傷つきますし、褒められれば喜びます。

再び「遅刻」に関するレンタルの価値観を積む話を例にしましょう。

一つの価値観自体にも二つの側面「プラスの側面」と「マイナスの側面」があり、諸刃の剣です。「時間を守る人は素敵だ」というプラスの面と「遅刻をする人間は最低だ」というマイナスの面があります。

この二面を含んだレンタルの価値観をエゴが積む場合、まず「時間を守る人は素敵だよね。そうなろう」「遅刻をする人間は最低だ。そうなっちゃいけない」とエゴ自ら、エゴに教育をします。すると、その誓いによって自分が「遅刻をしない素晴らしい人」でいられて、**自分が自らを条件上で好きでいられる**と思い込みます。実際、条件達成でエゴに褒められるとエゴは喜びます。これはものすごい快感です。エゴがエゴに褒められる快感とは、ちょっと麻薬的なところがあります。

しかし、もし自分が遅刻をした場合どうなるか。自分は瞬く間に「**自分の嫌いな存在**」にまで転落します。そしてエゴは自ら深く傷つきます。

こういう一人二役、自作自演を、エゴは大得意としています。自分が自分に課す内容で、一喜一憂する。なので、**今までのわたしたちは、自分と自分の関係と言いながらも、エゴとエゴの関係を自分と自分の関係だと誤解して感情移入してきた可能性がある**と言えるわけです。

そう考えると、希望が見えてきませんか？　なぜなら、これまでの自分と自分の関係はこのエゴとエゴの関係がかなりの比重を占めていたわけですから、それが自分と自分の関係に戻るとなると、自分と自分の信頼関係のキャッシュバックが起きる可能性があるからです。少なくとも今認識しているよりは、よりよい・友好的なものになりえる可能性があります。

ちなみに、エゴとエゴの関係ではない、「自分と自分の関係」があるとしたら、それは一体どういうものか。

自分が感じることを自分が全方位肯定するというシンプルな関係のことを指すとわたしは考えます。生き物が、自らそこに存在することを当然肯定するような、飾りのないシンプルでベーシックなものです。そして、挑戦したり、日々を過ごしたりすること、その中で感じることを〝自ら肯定する・される〟在り方を一人二役するというものです。

ちなみに、そこには、自分とエゴの関係も含まれます。「エゴよ、そう思っているんだね、別にそれでもいいよ」というのはエゴを認めてあげる行為であり、この時点ですでに、自分というものの自己認識は広いため、その広さから眺める限り、自分とエゴの関係でも、自分と自分の関係（広い方の関係）に位置しています。

また、「エゴとエゴ」という表現をしたのには実はもう一つ理由があります。

エゴは、能動と受動の二面という意味において「エゴとエゴ」と表現できますが、実は

エゴが複数登場することも普通にあるからです。そして、複数のエゴ同士が、大喧嘩を始めることもあります。

次の項目ではその話もしてみましょう。

真面目な人ほど苦労する「第二のエゴ」とは？

さて、ここまでは基本的なエゴの構造（厳密には、狭い不自然エゴの構造）についてお話ししてきました。ここからは不自然エゴ（以下、エゴ）の、さらに超絶巧みなプラスアルファ機能をお伝えしていきます。

これを知ることでさらに広く自分を見つめることが可能になり、「自分が自分に好かれる」ために一生懸命がんばっているのに無意識に自分が自分を責めてしまう、その痛みの仕組みが理解できるようになります。

エゴの種類をざっくりと本当におおまかに大別するならば、2種類のエゴがいます。この2種類の中であらゆる言い分のエゴが無限に発生することはありますが、どれもだいたいこの2種類のどちらかに属していて、「自己像をうまくやるゲーム」に何らかの角度で没頭できるようにしてくれています。

一つ目は、「普通のエゴ」です。

これはすでにこれまで説明した通りのシンプルなものです。「ああしたい」「こうなりたい」「こうはなりたくない」「うまくやりたい」「これがないと嫌だ」「こんなことは許さない」「自分は何者でこうでないと」など、よくあるレンタルの観念や各種同化に根ざした視野から状況を判断し、自分のことを好き・嫌いと感じるエゴです。

二つ目は、「**第二のエゴ**」です。

第二のエゴは、**自分の理想像に至るために思考や精神状態を見張るエゴ**です（これは複数存在することもありえます）。これが実は黒幕と言ってもいいとわたしは考えています。**自らのエゴの働きや感情・思考を汚いものとして嫌い、コントロールしたがる**もので、「エゴを食うエゴ」。エゴでのリアクションを見張り、批判するエゴです。

このエゴが巧みすぎるのは、その言い分の傾向が、**自分の理性的な言い分に非常に近く、聖人君子的で正論なところ**です。聖人君子の顔をしているので、わたしたちは疑わずにそれが自分の願いだと勘違いしてしまうのです。ようは、同化させるパワーがラスボス級ということですね。

たとえば、誰かのことを嫌悪したり、嫉妬するエゴの感覚やエゴらしい不快が生まれたり、エゴがあれこれ思考したとき、そういった心の働きに対して自分で「うわっ、嫌だ！まだこんな醜いエゴを使っている！」「やだやだ、なんでこんなにぐるぐる考えるんだろう。思考を止めないといけないのに！」というふうにエゴを責めてしまうことがあると思います。

他にも「悟りたい」「思考を止めたい」「聖人君子のようになりたい」「優しい人でいたい」「ハッピーしか感じない人になりたい」「エゴで考えないようになりたい」「潜在意識を完璧に使いたい」という、自分の精神状態の幸福・高潔さのためにエゴが執心している強い信念がある場合、それから遠ざかるような言動を自分がしたときに、厳しく自分を叱るでしょう。「おまえは悟ろうとしているのに、まだそんなことやってるのか！」や、「楽に生きなきゃいけないのに、まだ自分を責めてるのか！」などです。

引き寄せの法則などにおいても、よろしくない心の状態でいるとよろしくないことを起こすと言われているので、「いけない！　こんなことを考えていたら、そうなってしまう！　早くやめないと！」とがんばりすぎることがあり、この**「いけない！」の第二のエゴが、引き寄せ疲れの大きな原因の一つと言える**のではないでしょうか。

それは当然、自分の最も興味のある項目、つまり「自分が自分の好きな感じ方をたずさえた自分になり、自分を好きになること」に近づこうとするがゆえの叱咤ですので、苛烈で耳に痛いものです。しかし、「感じ方が欲しい」というのは「物が欲しい」よりも**本質的で、切実に叶えたい項目**なので、第二のエゴに叱咤されても「耳に痛いほど効きそう！」と修行モードで思ったりしますし、それを「ただの執着じゃないか」と冷静に言い切れない熱量になってしまいがちです。

叱咤して奮い立つことができる段階ならまだいいのですが、叶えたい項目への旅路がうまくいかずにこの叱咤が続くと、「自分が自分にがっかりされている」という印象になってしまいます。本当に叶えたい望みだからこそ、それを叶えてあげられないことに自分でがっかりしてきます。すると、さらに自分は自分に厳しくなり、自分に期待し、見張り、そして傷つき……というふうにどんどん萎縮してしまうドツボのループにはまってしまいます。

そうなると、がんばっているはずなのに、「より落ち着いた心で、人にも優しい自分になろう」と望んでいる精神状態とは真逆に進んでしまいます。どんなに自分の幸福のための大義名分に則っていようとも**「自分の感情移入を罰する」「自分の感情移入を否定する」ことは、「自分が自分に好かれる」という一番欲しいものを最も遠ざけているので、それで幸せになれるはずがない**のです。

楽に生きることを意識してしばらく経つと、間違いなく、**この第二のエゴをいかに包括するか**がメインになってきます。

真面目な方からよく聞くのは「だいぶ楽になったのですが、まだエゴで考えてしまうんです。エゴがどうしても消えなくて……」という声です。それは真面目にがんばりすぎです。「楽に生きる」に取り組み始めた時点で**「楽に生きたい！」ということが一つのエゴになり、自分を置いてきぼりにしています**。

たしかに何かに向かって動き出そうと思えば、そこには意志が伴いますから、当然その意志を貫き通すためのエゴも生まれます。自然な流れなので、「楽に生きる」が自分を叱る新たな項目になっていると気づいたときも慌てないでください。

第二のエゴから自由になる方法もこれから提示します。

無関係と知っていれば、第二のエゴはあしらえる

エゴと第二のエゴの取っ組み合いの喧嘩が始まっているとき、実は、**あなたはその喧嘩のどちらにも加勢していません**。ちょっと正論を言っているように見える第二のエゴにもです。

そうなると、習得すべきは、価値観ガチガチにがんばったり修行することで新たなエゴ

エゴが何か言う。

すると第二のエゴが出てくる

を作ることでなく、どっちも否定せず、気楽にあしらう方法です。

電車の中で知らない酔っぱらいたちが喧嘩を始めたとき、止めに入る人は少ないと思います。「そういう人もいるんだなあ」で終わります。このように、**自分がその戦いの中に入り込まないこと。また、もし戦いの中に入り込んでいると気がついたらその狭さから脱出することが大切です。**

気楽に眺め、否定せず、あしらう技。それが客観・包括です。これまで話題に出ました、狭さ→広さの考え方です。


スマホやテレビでサッカー観戦をしているとき、画面の中に入り込み、自分の贔屓《ひいき》のチームに加勢し、その戦いの最前線でどっぷり戦っている気分になれますが、どんなに熱く感情を動かして応援しようとも、結局自分はどちらのプレイヤーでもありません。フィールドにいないどころか、スタジアムにもいません。「お客さん」です。

なので、自分がエゴ同士の戦いに第二のエゴ側選手として加勢している気分になっているときは、「はっ！　広さ（マクロ）に脱出！」と思ってみてください。「自分のことを選手だと思い込んでいた！　でも自分はお客さんだ」という感じです。

第一のエゴを
第二のエゴが殴る。

このとき、
第二のエゴに加勢したい気持ちを
ぐっとこらえる。

エゴのバトルが
いかに小さく可愛らしいものから、
拡大して安全な視点から客観視する。
エゴの言い分を聞くときも、
この力関係で「かわいいね」と
余裕をもって聞く。

「戦いをやめなきゃ」でもなければ「あっちをやっつけてやる」でもなく、「自分はエゴ同士の戦いの土俵にはいなかった」と思い出すことがとても大切です。なぜなら、「エゴの望むような自分像にならなくても、その土俵で条件上のよさを勝ち取らなくても、**自分の価値はそれと関係がなく、自分は常に生きているだけでいい**という大前提があるからです。

バランスを取りながらエゴのマジ度を緩めるコツ

エゴのマジ度を緩めるとは、意図的に執着を緩めることです。そのため、エゴの関心事に対する興味を「エゴはそう思っているのか」と客観視し、「ま、いっか」と意図的に手放してみるという手法が最適です。

その際、**「冷静に考えてみたら、自分の価値とは関係ない。自分は無条件に自分を好き」と認識し直すことがコツ**になります。マジ度とは「自分の価値」「自分に好かれる」

に関わるときに起こりやすいからです。

そのためにも、「自分が自分を無条件に好き」ということを丁寧に教えていく必要があります。特に、複数のエゴが出ているときこそ丁寧にやってみましょう。

たとえば「怒っちゃって嫌だ……！」と思っている場合、まず「怒るエゴ」がいます。そして「怒る自分なんて嫌だというエゴ（第二のエゴ）」がいます。そして、時には「怒る自分なんて嫌だと思い自分を責めてしまう、その心の狭さが嫌だというエゴ（第二のエゴを嫌うエゴ）」もいて……と、何重にもいたちごっこ的にエゴが出てくる可能性があります。

こういう場合、**必ず最終のエゴにアプローチしてください**。最終のエゴ＝再旬のエゴです。最旬ということは「自分の成長具合において最もリアルで手強《てごわ》い」という意味でタイムリー、旬ですから、その**最旬のものを解けると、そのほかの瑣末《さまつ》なもののや過去のもののも一緒に一括で解けてしまう可能性があります**。

最終にアプローチをしたあとで、他のエゴたちも認めましょう。

砂場で幼稚園児たちが喧嘩をして、A君、B君、C君それぞれがそれぞれの言い分で愚痴を言いに来るのを想像してみてください。「A君はそうなのね」「B君はそうなのね」「C君はそうなのね」と誰にも肩入れしないでフラットに聞いてあげます。

たとえば、怒るエゴ、それを嫌う第二のエゴ、それをさらに嫌うエゴがいたとします。まずは最終のエゴへ「怒る自分なんて嫌だと思って自分を責めてしまう、その心の狭さが嫌なんだね。当然そう思うよね、全然いいよ〜。他のエゴを嫌っていても別にいいよ！いずれにせよ自分の価値は変わらないよ」

第二のエゴへ「怒らない人になって自分を好きだと思いたいのね〜、そう思ってもいいよ。でも、そもそもがんばらなくても自分は自分を好きだよ」

第一のエゴへ「怒ってるのね〜怒ってもいいよ、何を感じてもわたしは嫌わないよ！」

このように、自分で付け足したい言葉を付け足し、それぞれを等しくフォローします。時間がないときは、一括で、どのエゴに対しても「エゴでそう感じても嫌わないよ！」などと伝えればOKです。

こうすることによって、エゴに対して「いくら出てきてもいいよ、可愛らしいね。ご自由にどうぞ」という立場に立ってみます。

ちなみに「好きだよ」「価値は変わらないよ」というのは、「好き嫌い、のうちの好き」ではなく、**無条件に、「好き嫌いを議論する余地もなく当然好き。好きなのが普通」**という意味です。「大気には酸素が含まれています」といった真実を淡々と伝えるようなニュアンスで伝えてあげてください。生き物が自分を好きなのは当然のことですから。

――さて、どうでしょう。

こうやって、全部の言い分をおおらかに聞いてあげるとき、本当の自分の器の大きさ、スケールの広さを体感できるはずです。また、どれにも肩入れしていないので、自分の狂ったような感情移入が「**ま、いっか**」と落ち着いてくるのを感じられるはずです。執着（感情移入・同化）の手放しが起きるわけですね。これをやると、かなり客観的になり、**中立**に近くなります。

「近い」という表現をしたのには理由があります。人間が個人である限り、日々選択をします。選択は基本、自分を幸せにするために行うため、中立よりはかすかにプラスに近い立ち位置になるはずだからです。

なので「どっちにも何も感じない状態にならないといけない……！」というふうに頑《かたく》なに厳密な中立を目指す必要はありません。それもエゴ（コントロール）になってしまうので、柔軟に回避していきましょう。

実際、禅の世界ではよく、「悟りたかったら、悟ろうということすら考えるな」、そして「悟ろうということすら考えないということすら考えるな」、そして「その悟ろうということを……」といった具合に思考から離れていきます。

フェリファブ哲学流にこれを解釈するならば「**自分のことを好きだと思うために達成しなければいけない、マジの条件を一つでも作るな**」ということになります。あなたにはすでに価値がありますし、何かをやるのは、遊びであって、**条件上でやっとこさあなたがあなたを好きだと思えるためではない**のですから。

しかしエゴはマジになります。「それが自分の願い！　それを達成したい！　それができないと自分を好きになれない」と執着（誤解）しているからです。けれど、そうなると

「自分が不完全で、もっと完璧になりたい部分がある」「今の自分じゃ満足できなくて、自分を好きになるためにもっと必要なことがある」という、不足の認識として自分の意識に印象が刻まれてしまいます。これがもったいないです。

ですから、「自分がマジになってエゴで執着しているポイントはないか？」という問いかけは「**自分が自分を好きだと思いたいという妄想のために、自分をしんどくしている本末転倒ポイントはないか？**」という定期清掃の問いかけとしてとても大切です。

もし、あれこれいろいろなものが出てきすぎて訳が分からなくなった場合は、**「まあいっか、自分は自分に好かれているし」を合言葉にしてください。**実際、広いあなたにとったら、すべて「まあ、よし」なのです。

第3章

ゲームを楽しむ主としてわたしは存在する

ここまで読んでいただいて、「いや！　だから、その『生きているだけで価値がある』ができないんだよ！」と思われた方もいらっしゃるでしょう。なので、第3章と次の第4章を使い、「生きているだけで価値がある」を少しでも垣間見《かいまみ》ていただけるように努めてみたいと思います。

繰り返しエゴ、エゴと言ってきましたが、決してエゴがいけないわけではありません。ただ、エゴにはちょっと変なところがあるから、そこを注意しましょうとお伝えしてきました。その変なところとは、**当然のように自分には価値がないことを前提としている**ことです。本当にものすごく自然にそう思っていることに、心底驚いてください。

「飛躍的な思考の道具」としてのスピリチュアル

フェリファブ哲学では「神」という言葉を時折使いますが、第1章でも説明した通り、これはどの宗教とも関係なく、ただ、**あなたがもともとこれ以上価値を積むことができないほど完璧な存在であり、エゴでがんばって価値を積まなくていいと納得するための表現**

としての「神」だということを先に断っておきます。
ご自身のためにこそ、この視点を使ってください。

「そもそもわたしたちのエゴはすべてを知っているのか？」「エゴで知っていることがすべてなのか？」と疑っていくことはとても大切です。哲学の本質はそこにありますね。「わたしたちは本当は何者で、一体何をやっているのか？　何がやりたいのか？　何が幸福なのか？」

狭い視野ではその答えが出ないとき、より広い視野に出る必要があります。そのためにこそ、狭い小さい常識を打ち破る、もとい包括していく必要があるというのは、何となくお分かりいただけたかと思います。

つまり、楽に生きるためにも、飛躍的な思考をしてみる必要があるということ。そもそも楽しくない、楽でないのは「狭い」からなので、飛躍をしてみるだけで楽しくなる可能性すらあります。

そう考えると、たとえそれが、**形而上《けいじじょう》的な（目に見えない）ものやスピリチュアルと**

呼ばれるものであっても、心を開いて取り入れてみる必要があります。既存の視点でのとらわれから自由になるための道具として、次元の異なる視点を取り入れることが重要だとわたしは思います。エゴという狭い世界に自分を限定しないために。

しかし気をつけてください。スピリチュアルや宗教が戒律や強制などによって「新しいとらわれ」になってしまった瞬間に、それはただちに「怪しいもの」になります。ここの見極めはとても大切です。

なぜスピリチュアルを胡散臭《うさんくさ》いと思ってしまうことが多いのか。それは、**「人間の常識」を使っているから**です。その臭いを嗅ぎ取り、人は胡散臭いと感じます。

「人間の常識」とはすなわち「価値のない自分が価値を得たい」というものです。これだと、目に見えないものという広い視野のトピックを扱いながら、狭い視野にギューンと戻っているのが分かるでしょうか。

わたしたちは嫌というほどこの「人間の常識」の感覚を知っているために、それを素早く嗅ぎ取り「胡散臭い」と判断します。ですからスピリチュアル、宗教、修行、開運、占い、瞑想《めいそう》などが、純粋な楽しみではなく、「価値のない自分が何かをうまくやるための道具、エゴの嘘への没入を強化するもの」になっていないか確認してみてください。もしそうなっているとしたら、もっと違う、純粋で本質的な楽しみ方があるはずですから、視点をリセットして、あなたはすでにもう価値がある前提でそれらの活動を楽しんでみてください。きっと、これまでとは違う飛躍が得られるはずです。

すべての人間は神であり、自分の人生の観察主

そんなわけで、フェリファブ哲学では、まずエゴを自分だと認識している視野を、より広く柔軟な方向に広げる手始めとして、自分を含め、**誰もがそれぞれの人生における神様**と捉えてみることをおすすめします。

そうすることによって、自分の人生を、今を、他人を、感じ方を、エゴを、包括的に肯定しやすくなるため、断然に生きやすくなるからです。

「自分を神だなんて思えない！」というエゴの頑固な気持ちも分かります。けれど、たとえ、フェアな視点で見たとしても、そもそも「神でない証明」もできません。神という証

明もなければ、神でないという証明もない。当然のように「神でないことを自信を持って選び取る」ことが一般に起きているのなら、逆があっても然《しか》るべきです。

あとは、「神」の定義が少し脚色されすぎているかもしれません。個人それぞれが神だというのは、**もっとミニマルかつポータブルで小規模な神**という感じです。「それぞれの人生を運営する最高権力者」としての神、という定義でいいのです。

そもそも各々の人生は、感じることしか感じられない人生です。自分という意識のアングルからしか眺めることができません。わたしたちが観察するときしか、自分の人生を眺めることはできません。自分が観察しないものは体験不可能ですので、自分の人生の中には存在しえません。

たとえば、今この瞬間、わたしが「アメリカ大陸」と口にするとして、それまではわたしはアメリカ大陸を人生の中に観察していませんでした。つまり、わたしの世界には今意識にのぼるまで、アメリカ大陸は存在がお留守だったということです。つまり、なかった。詭弁《きべん》に聞こえるかもしれませんが、体験できないのなら、それは観察物としてそこにはないのと同じです。

また、この世に存在しているであろうすべての大陸、すべての人、すべての物事を考えることは物理的にも不可能です。今という瞬間には、常に必ず観察されていないものはあります。ようはご縁のないものです。そう考えると、**「自分の意識」と「今」の座標の交わる点が、実際的に個人の観察可能な世界である**と言えます。

ちなみに、これは、寝ているときに見る夢の主が自分であるのに似ています。あなたがその夢を見ない限り、そのあなたの夢は存在しません。そして、あなたが自分という意識の窓口を通して覗《のぞ》いている部分しか、実際に体験はできません。過去など、もう流れ去り、意識が向けられていない忘却された部分に関しては、それはないのと同じです。

だとすると、あなたはあなたのポータブルな人生の窓口であり、神です。あなたの意識がついてまわるところに、あなたの世界が展開します。だから、神と言っても、あなたの見ていないところや他人まで全部を作っている神としなくていいわけです。あなたはサハラ砂漠の砂を全部観察しなくてもいい。**自分の「今」の生活の範囲、自分の感じ方の範囲を観察すればいい**のです。そうするとより神の定義がミニマルになってくると思います。

「それくらいの範囲ならありえるな」と思えませんか？

誰もが自分の「今」からしか世界や人生を持てない――同じ世界を共有しているようでありながら、それぞれのアングルでのそれぞれの世界を持ち寄って生きていて、その「今」が重なり合っているだけと捉えてみましょう。そうすることで、自分が自分として生きるということに、脇目もふらず集中ができます。

何でもできる神だからこそやる「できないゲーム」

神というイメージには誤解が伴います。一般的に「神」と言うと、支配や天罰、コントロールする力を「神」、ようは「思い通りにする力」と誤解されがちです。エゴでは「神ってことは、何でも最高にできるってことでしょう？　よーし、じゃあ旦那を日本語の話せる石油王に変えよう。それで次は嫌いなあいつに天罰をくだして……」などと考えます。

また同時に、神には「一つバイアス」が働くように思います。それは、神は一人しかいないという前提です。

「自分が神なら、他の人はそれに従う存在」というように、何か唯一の絶対強者と、多数の弱者というピラミッド構造をイメージするのではないでしょうか。そしてそれはエゴがとても盛り上がる構図です。

この盛り上がった視点でいると、どうしてもピラミッドの頂点に行きたくなります。ですからよく、引き寄せの法則や創造主思考を入れると「自分が神なんだからもっとうまくできるはずだ！　もっと世界をコントロールして、もっと上にのし上がれるはずだ！」とピリピリし、逆にうまくコントロールする義務感・緊張感を背負うきっかけになってしまったりします。

しかし、気をつけてください！　これはまさに、広いところに出たふりをして、実はとても狭い考えに戻っています。「人間の常識」、つまり**「価値のない自分が価値を得たい」視点からの言い分としての「神としてやりたいこと」**だからです。これは、胡散臭いスピリチュアルのいい例です。

そうではなくて、「自分が神のとき、本当にそれをやりたいだろうか？」と疑ってみてください。

この、**本気で神の視点を考察してみることこそが、「神としての自分」の理解を深めてくれます。**

神には創造力があります。本当に何でも思ったようにできてしまうのなら、逆に、今のこの冴えない毎日も、実はそのものすごい創造の力を使って、「思い通りにやってみたい」と思って、やった結果がこれということになります。そう考えたとき「え……？　ちょっと待って……、**この冴えない日常がやりたいのか!?**」と気がつきます。

そうなのです！

本当の神は、「非凡を行使する」方向性ではありません。「**凡を本気で楽しむ**」方向性です。

実際どうやって使うかと言うと、たとえば「冴えないなぁ」と思える日常を眺めるとき、**夫を石油王に変えられる巨大な力で、わざと今の現実＝「凡」を作り、体験していると認識し直してみる**わけです。

つまり、あらん限りの非凡さを使い、あえて凡を作っていることの再認識ができてしまうわけです。

美しいハリウッド女優さんが、転落した冴えないキャラクターを演じる役作りのためにわざと10キロ太って、髪をボサボサにし、地面に転がり、泥だらけになって酒浸りになったふりをしたりしますね。彼女が、よりその役に入り込み、本当にどんよりしているほどに完璧なわけです。人はその映画を見て「うわ……、すごい存在感。いい演技してるなあ！」と感動します。あるいは、見事すぎて感情移入し、苦しい気持ちになれます。

さて、気づいてください。

この「見事すぎて感情移入し、苦しい気持ちになる」は、まさにわたしたちがエゴへの感情移入で体験していることではないでしょうか？

つまり、**わたしたちの苦しさとは、神としての才能が極まっている状態**と言えます。

映画館のお客さんをイメージしてみてください。

自分の見ている映画の主人公の人生が落ちぶれたからと言って、自分自身の価値が下落したり、危険にさらされたり傷ついているのではなく、画面の中で主人公が苦しんでいることを客観的に認め、それ自体が、自分がお金を払ってでも楽しく観察しているものなのだと、自分と別物のエンターテインメントとして捉えているはずです。

同じように、本当は自分の価値が不動だと知っているからこそ、わたしたちはエゴのいろいろな感情に感情移入しにいきます。第1章で、「最初から完璧だと言われるとつまらないと感じる」と言いましたが、**わざと紆余《うよ》曲折《きょくせつ》を体験し、わざとストーリー仕立てにしたい、このツウな視点こそがわたしたちの正体**です。

となると、エゴで幸せになる・ならないなどは実はそもそも論点ではなく、「価値のない前提」を楽しむための演出要素にすぎないことが分かります。

この「できないゲームを楽しむ」ために人間として生きることを楽しんでいると認めたとて、別にずっと「できないゲーム」に付き合わされる悲劇のヒロインやヒーローでいることにはなりませんので安心してください。

認めると、自己認識は「何でもできる主が好きなことをやっているし、もともと価値がある」というリラックスした自由意志の広さへ抜けやすくなります。「自分の価値は、論じる次元が違うんだ」という安心感も湧いてきます。すると、人生の流れも「本気でダメ」という絶望感に感情移入する集中力が減り、「あれ、もっと自由でも全然いいんだな」と自ずと風通しがよくなります。

ダメダメでも目的達成、成功しても目的達成！

「どれも完璧な神がわざとやっている味わい深いゲームだから、何を感じてもいい」と全方位肯定が起こると、日々のダメダメな部分も不完全の美として肯定するようになります。すると、必然的に日々の可食部のような場所が増え、日々を認めるストライクゾーンも広がるのは想像がつくでしょう。視野の広さを生むためにこそ入れ込んだ視座ですから、当然ですね。

「むしろ、ダメダメを体験することが目的！」となってくると、ダメダメが来たときに嫌だと思わなくて済みます。「よくしなきゃ」ではなく、「これもまた味わい。目的大達成中！」という新しい視点を持ってもいいでしょう。

今までわたしたちは、目的達成とは限られた形にならないと体験できないものだと信じ込んでいました。塗り絵をはみ出して塗ってはいけないと思っている感じですから、常にコントロール義務の緊張がありました。

しかし、「**ダメダメでも目的達成、成功しても目的達成**」となるとどうでしょうか。塗り絵をいくらはみ出してもいいということですから、より発想豊かに遠慮なく楽しめるようになるはずです。

たとえば、ダラダラしているときに、「やだなあ、どうしてこんなだらけているんだろう」と本来なら思うところを「完璧な神が、だらだらして、それをだらけちゃダメと思って不快になったり自己嫌悪するなんていう、ものすごく複雑なことを楽しんでみたいんだな。だとしたらこの嫌な感情は、まさに目的大達成ってわけか！」と捉えることができます。すると喜んでだらだらできます。目一杯だらだらすると、満足します。満足すると、自発的な思いに新陳代謝が起きます。

新陳代謝とはつまり、だらだらしたいという思いが認められ、満たされ、肯定されるので、残留せずに消化されるということです。これを認めないでエゴで嫌って蓋をしたり否定をしていると、消化不良のものが残留し、何度もその「だらだらしたいけどできない」という思いを体験をしなければいけなくなるので、逆にややこしくなってしまいます。なので、開き直って認めた方が、実は逆に切り替えの効率もいいというわけです。

「そんなことをしていたらダメな人間になるじゃないか！」と思うかもしれません。しかし思い出してみてください。「ダメな人間」という価値観自体が、そもそも、笑ってしまう、狭い価値観です。それに、そもそも「ダメだ、ダメだ」と言ってそれをやめられたでしょうか？　自己否定とストレスが溜《た》まっただけなはずです。

もう一度思い出してください。

自分の欲しいものを先に与えてください。

しゃきしゃきできる自分になった末に手に入れたいのは「自分がこれでいいのだ」という肯定のはずですから、先に「目的大達成」と言って、ちょっと逸脱気味でもいいので、「自分はこれでいいのだ」という大きな肯定をあげてください。

というのも、**自分の自分に対する思いを肯定的なものにしない限り、どんなに体裁を整えても、具体的な満足や心地よさは訪れようがない**からです。心地よさが訪れなければ、旨みがないので、また自己肯定したいという気持ちになれず、発展もありません。

ですから、勇気を持って自己否定ループ自体を面白がり、「目的大達成！」と言ってあげる最初の一歩を踏んでみてください。視点がずいぶん変わるはずです。

もし「甘っちょろい、なまけていることをやる気になれない。がんばらないとやっている気がしない」という方は、「開き直り」もとても勇気のいる意識の転換作業で、むしろ確固たる「挑戦」であるという事実を踏まえていただくと退屈しません。「うわ、自分は勇気の要る新しいことに挑戦している！」と、エゴの認識を活用してみるのもいいかもしれません。

そして、これをやるうちにささやかな遊びにも気づいてきます。

たとえば、何かに対して「分からない・どうしたらいいんだ？」と悩んでいるとき、「どうしたらいいのかを知るべきだ」とわたしたちは問題解決を急ぎがちですが、「あ、なんだ。分からないを体験したいのか」とひとまず冷静に一番卑近な遊びに気づいてみることで、その瞬間の自らの在り方やエゴを認められるようになります。

そして、人生が、**うまくやるためのものではなくて、楽しむためのもの**であり、どんなに冴えない「楽しみ」であっても、そのときはそれでいいのだと、おおらかな肯定を与えやすくなります。それによってこそ、「分からない」や「退屈」などの思いは、握りしめられずに消化・新陳代謝され、また次の気持ちがやってきやすくなります。

次の項目から、エゴが当然のように使っている「自分に価値のない前提」から抜け出し、力を取り戻すための実践法を紹介します。いずれも自分に力が戻り、不快をそのまま肯定へ持っていける方法ですので、「これならできそう！」「これならやってみたい！」というものから、ぜひ使ってみてください。

実践① 不快を才能と捉える「認識直しのチャンス」

「どれも完璧な神がその才能を駆使して楽しんでいる」とする場合、**敵を味方にできる**という利点があります。

たとえば、一本目の映画で最大の敵だった人が、二本目ではもっと強大な敵に向かっていく過程で仲間になってくれることがあったりします。「この人が味方になったら百人力！」というあの心躍るような展開を、自分の感情の中でも起こすことができます。

それが、不快＝才能と力を取り戻せる「**認識直しのチャンス**」という考え方です。

強烈な不快を感じているとき、そのものすごく嫌な気持ちは、実は神としての自分の才能の体感になります。言い換えれば、自分で自分を騙して「自分には力がなく、どうすることもできない理不尽が働いている」という感覚の中でそれを感じ、自分が自分の価値に不安を抱くよう、わざわざ手の込んだ演出をして感情移入させることを楽しんだと言えます。

これはものすごい自分の才能です。

エゴというシステムを雇い、それに感情移入させ、さらにエゴで考えているのが嫌だと感じるまで、何重にも自分の価値の危うさを味わうことができるのですから。

だとしたら、それらの**「価値のなさ」を味わっている瞬間の具体的な圧力は、自らの才能のエネルギーをまさに味わっている瞬間**とも言えます。

体の中で〝ぐわーっ〟と感じる「嫌だ」という思いのエネルギーだけを感じてみてください。名前をつけたり、その原因となった嫌な人の顔などを思い浮かべたりする必要はありません。「嫌だ、嫌だ」と言わなくていいです。ただただ、名前のない膨大なエネルギーとして、感覚でのみそれを感じてみます。

そして、「え、このものすごい不快、これ全部、自分の才能なのか！」と驚いてください。途端に、これまで自分を押し潰そうとしてきたものが消え、自分の抵抗の力が支えを失ってつんのめるような感覚を覚えるはずです。もうその抵抗力を使わなくていい、嫌がらなくていい、むしろウェルカムしていいと分かります。

自分がこれまで大敵だと思っていたものが、自分にキャッシュバックできる自らの力だったと知り、「これだけ目一杯に使っていた力を取り戻せるっていうことは、自分がパワフルになるっていうことじゃないか！」という理解になります。

「やったー!!」と安心して息を深く吸って、その吸い込む息とともに、それらのエネルギーを、金貨や宝石のようにイメージして、ざくざくと自分の中にしまい直してください。「スーパーマリオ」のゲームでコインを拾ったときのように、チャリンチャリンと気持ちよく音が高く鳴るのをイメージしてもいいですし、キラキラ、シャラシャラと星や宝石があなたの体の中に吸い込まれるのをイメージしてもいいです。お好きなものでやってみてください。

このキャッシュバックの目的は、**不快の「毒消し」（自分の価値を下げる悪いものという認定の取り消し）が行われ、その不快に対して浪費したように見えた力を自らに取り戻すこと**です。

このやり方には、不快というエネルギーの質量を「キャッシュバック」のように**逆転する、転換する、質を変える、そのままそのエネルギーを使う**ところにコツがあります。

「『悪い』と認定していたものが悪いものじゃなかったんだ！」と分かれば、肩の力が一段階抜けるでしょう。すると、感じることを責めずに、実際に拍子抜けして安堵する体験ができるので、その旨みを一度体験して知っていると「あ、そうだ！　また、あの気持ちいい方法でこの不快の力を取り戻しちゃえばいいのか」と奥の手を持っていることが頼もしくなり、自発的に肯定を行いたくなることが期待できます。

わたしはこれを、「**感じ換え**」と呼んだりもします。ただネガティブをポジティブに塗り潰すという力ずくのポジティブではなく、「悪いものも自分の才能なんだ」という手のひら返しの視点で行い、**ネガティブをそのまま再利用する**ところがミソです。

これによって、ただのネガティブに没頭していたキャラクターのエゴ目線ではなく、神としてそれを楽しんでいる目線まで、瞬時にマクロ脱出が図れます。この「ネガティブをそのまま再利用」のやり方は、とても重要なことですので、第5章でも追加で説明をします。

実践② 情緒としての人生の美・今の美を感じる

また、**味わい深い観点**からも捉えてみることができます。

方向性は先ほどと同じで、「**自分の感じているものの美に気づき、自分の価値を下げる悪いものという認定の取り消しを行う**」という方法です。

たとえば音楽には、短調と長調があり、短調は悲しい音色、長調は明るい音色として認識されています。好き嫌いはあるかもしれませんが、どちらも美しい音色であり、優劣はありません。

それと同じで、感情自体も、結局「体験してみたい」と思い、エゴを搭載してその目線で感じることのできる豊かな彩りですので、芸術的産物と言えます。

寂しいと言うと、「はい、悪い感情！　感じたくない！」とエゴはすぐに白黒つけたがります。けれど、本当はその寂しさには、大切なものや失いたくないものへの思いだったり、人恋しさだったり、季節の去りゆくことを惜しむ思い、感動、快、愛、切なさ、痛々しさなど、いろいろな感情が交じり合っています。

切なさ、痛々しさなどは、日常では感じたくないと思うかもしれませんが、人間のエゴ特有のなんとも言えない情緒であり、巧みな小説家や映画監督たちはこの感情を非常にうまく描き出します。つまり、**どんなエゴの感情も「美」として取り扱われうるものだ**ということです。

ここで先ほどの、神の視点を思い出してください。

あなたも自分の人生を、作家や音楽家のような、芸術的に自分の世界を描き出す神たちが行うようなツウの視点で眺めていいわけです。それに、そもそもあなたの価値は不動なので、エゴの感情ごときに目くじらを立てて排除したりしなくていいのです。

もともと「自分の力のなさを象徴する悪いもの」どころか、「自分の力がありすぎるがゆえに味わってみたくて味わってみたもの」なのだから、その主体性と主権を取り戻して、「うわ、このエゴの感情は、人間特有の味わいだな。彩りだ」と味わってしまうこともできます。

この「味わう」スタンスになったとき、もう毒抜きがされて、視座が客観になっていることに気がつくでしょうか。

そして、**作家や音楽家がその作品を愛するように、そこでのさまざまな演出や効果を客観的・包括的に愛《め》でる。**これが狙《ねら》いです。

これをやっていくと、どんな感情も毒ではなく、味わいだと分かってきます。その視座は、もはや「人間の常識」ではなく、神の視座と同じです。

そうすると、感じること自体へ心がオープンになり、よりその美を感知しようという能力も高まります。これは、地に足のついたとても心地のよい感覚です。ドライで溌剌《はつらつ》とした前の項目（実践①）はポップな旨味がありますが、それとはまた別に、しっとりじっくり、じんわり「目的達成中」を味わいたい方におすすめです。

また、言うまでもなく奥深い映画や純文学など人間の味わいが好きな方にもおすすめです。

実践③ 自分の人生を「オリジナルのもの」と認識する

「自分に価値のない前提」が起こるのは、それだけ、**社会で共有されている意味を信じ込んでいるから**です。

意味とは、「こういうことが起きたらこれは一般的にはみじめだ」とか、「こういうことが起きたら、かっこいいということだ」「これは女性として恥ずかしいことだ」など、状況から受動的に作り上げられる評価です。

人は、オリジナルの意味ではなく、社会の意味を優先しがちです。げんに「自分に価値があるなんて思えませんよ。だって、こんなに最悪な状況なんですよ？」という意見を耳にすることもあります。**価値が下がるような出来事が起きると自動的に自分の価値も下がって当然というわけです。**

世の中には自分に価値がない前提で、事象が自分の価値を左右する「意味のゲーム」のようなものが存在するように見えます。

風習や地域の文化レベルのものからユニバーサルなものまで、物事にはさまざまなニュアンスや意味が存在し、わたしたちはそれに引っ張られています。裏切られたり、リストラされたり、離婚をしたり、騙されたり、病気を患ったり、お金がなかったりすると、「悪い」と感じなければいけない——。

世間という、巨大な動かしようがないものが「それは悪いものだ」と決定しているから、自動的に「これは悪いものなのだ」というふうに自分の人生で体験しているわけです。

しかし、その「最悪」という判定はどこからきたのでしょうか。

自分が決めたのです。

正確には、自分の観察している社会から輸入してきたレンタルの価値観によって、エゴが判定をしたところに自ら感情移入をしただけです。

自分の世界の主なので、**自分がその出来事の意味を決めています。**

「自分の観察している自分の人生体験なんだから、どんな意味を与えてもいいし、常に今この瞬間もいろいろな判定を選んでいる。しかも、選んでいるものはすべて尊い」という事実に気がついてください。

なぜなら**あなたの人生は、唯一無二の人生であって、「世の中にいる誰かの人生に似た人生」「十把《じっぱ》一絡《ひとから》げにできる人生」などではない**からです。

自分の人生を自分だけのものとして見据え直すおすすめの見方があります。

よくSF映画の世界だと「2089年、社会はその日使う酸素を買うのが一般的になっていた。酸素は高価で……」など、「特殊な設定」が説明されることがあります。たとえば、よくご相談である「子どもが不登校＝最悪」という価値観をこのSF映画のあらすじにあてはめると、一つの特殊な時代性や地域性の価値観にすぎないことが見えてきます。

ストーリーテラーになった気持ちで「わたしの世界には、学校っていう場所があってね」と始めてください。まるで、社会という盤石《ばんじゃく》で巨大なものがあるのではなく、自分のミニマルな範囲だけで自分が創造している世界のように。自分だけがこっそり書いている小説を紹介するように叙述してください。

「その世界では、子どもは学校に通ってみんなと同じように集団行動できるのがいいという設定になっている。その中で、主人公のわたしの子どもは、学校に通いたくないと言って通わなくなっていて、わたしは『どうしてみんなと同じように育ってくれないんだ』とつらい思いをしている……」

どうでしょうか。

これは仕事でも、お金でも何でもいいです。

「その社会には仕事というものがあって……」

「その社会にはお金という道具があって……」

こういう捉え方をすると、自分の人生体験を、自分と一対一のオリジナルな体験として、何の邪魔もはさみこまずに据え直すことができます。

「あれ、待てよ。**この現象が社会の人にとってどうかではない**。**わたしの世界でしか起きていないわたしの人生の、わたしのものなんだから**」と真正面からそれを眺め、オリジナルの捉え方をするチャンスにできます。

そして同時に「世間から見て絶対的な事実」などは存在せず、「**自分の捉え方だけがあるし、それしか体験できない**」と分かってきます。すると、「世間が言う意味に自分の体験を翻訳しなくてもいいじゃないか」と気がつきます。「唯一無二の自分の人生なんだから、オリジナルの捉え方をして然るべきだし、むしろ今までそうしてこなかったことの方が謎だ」と思うはずです。嫌おうが、好こうが、自分の人生なのですよね。

自分の目の前に据えて、自分の人生だけの出来事だとするとき、「他のみんなには起きていなくて、わたしにだけ起きている」という目移りの認識ではなくなり、視点が定まります。

「わたしの世界だけで起きているから、わたしにとっては何らか、必要だから起きているのだ」という捉え方をしてみてください。そのシナリオを通らないと得られないものや、そのシナリオを通ることで回避できるものなどもあるのです。

これをやると、社会のノイズや、ちゃちゃ、意味づけなどを無視する図太さや、自分の人生と向き合う集中力が養われ、ある種、自分軸的なものも備わってきます。この視点になると、「オリジナルの人生」という観点から、自らの人生がその内容に関係なく問答無用に自分にとって貴重なものだと分かるはずです。

第4章

森羅万象という拡大した視野を手に入れる

引き続き、「自分はエゴの狭い視野を超えたものである」という認識を養うため、「自分の価値は不動である」という観点に触れてみたいと思います。第3章は一人の独立した神として自分に集中するという見方でしたが、この章では逆に、**全体**という概念を使い、**全体の意思で、全体のためにこそ「自分が必要でここに存在している」**という視点に落とし込んでいく、ダイナミックな見方をしてみたいと思います。

「個」とはわたしなのか、それ以外も含むのか

あなたは**自分がひとり**だというプレッシャーを感じていないでしょうか。冷たい世界に、ひとり、放り込まれている。自分が自分を自らの采配でうまくやらねばいけないし、自分で何もかも決めないといけないし、自分が世界で勝ち上がっていかないといけない。それに誰も助けてくれないし、油断もできない、というふうに。

でも、**それは本当でしょうか？**

わたしたちは、気づいたときにはこの自らのこの体に生まれついていますが、そうやって自分として生きるということに、そんなギスギスした義務が伴うものなのでしょうか。どうして「VIPとして呼ばれて、お客さんのようにここにいる」と思ってはいけないのでしょう。

赤ちゃんはきっと安心し切ってお客さんのつもりでいると思います。そこに戻ってみましょう。

そのために一度、過度の「個を運営する義務」のプレッシャーを広い視点から冷静に見つめ直します。手はじめに「個」というものの認識を解いていきましょう。

わたしたちが自らを「自分」と呼んで「個」として認識するとき、まず「体」を自分と定義します。ついで、「どこで何年に生まれ」「こういう家庭で育って」「こういう子ども時代を持って」「こういう性格で」「どこに勤めていて」「未来にこんなふうになりたいと思って」……など、ストーリーで定義するはずです。

そして、個人をうまくやるには「この体が終わったら終わりだし、自分が最大に注意深く、自分を見張り、社会からどう思われているかに気をつけながら、価値を積み続けないといけない！　そうしないとこの個は幸せにはなれない！（自分が自分のことを好きだと思えない）」と緊張しています。

しかし、**その認識の「個」とは、果たして本当に「自分」なのでしょうか？**

突拍子もない問いですが、そもそも物理的な肉体としての「個」の範囲についても、疑問があります。

誰に教えられるでもなく、なんとなく神経の通じている範囲を「自分」と定義し、あとは全部「他」や「外」だとざっくり認識しているにすぎません。でも、もしかすると、つねっても痛くない、動かそうと思っても動かせないという理由で、**「自分ではない認定」をされてきた「世界全体」も、本当は「自分」かもしれません。**神経が通っていないので気がつかないだけで。

その可能性を認めてみると、机や木、道などの生活で目にするものすべてが自分というものの範囲であると認識し直してみてもいいはずです。

それに、それらはやはり自分が観察しなければ、自分の世界には存在しない、自分の周りに広がっている**縁ある世界**ですから、自分が嫌っている他人や、自分がうまくやりたい活動や、その領域の市場なども、観察している限りすべてまるっとひっくるめて、自分の観察ゆえの自分の世界、つまり「自分」と認識してもいいと言えます。

よく「全部自分だとすると、世界や人様をないがしろに扱いかねない」と思われる方もいらっしゃいますが、もし全部が自分のとき、逆に自分は自分への敬意を持ちますし、自分の欠点があっても大目に見るでしょう。何だかんだ言っても、人は自分が可愛いものであり、**自分のものと認識するだけで、認識がやわらかくなり、それに対する思いに自浄作用が生まれます。**

たとえば、電車で隣り合った知らない人が、知人のお父さんならどうでしょうか。途端に礼儀正しく接するはずです。それは「自分に少なからず関係がある」からで、赤の他人という認識に自浄作用が起こり、価値が格上げされるからです。

「**人類みんな友達だったらどうだろう**」と想像してみてください。

これは、何かの歌の歌詞や、冗談の話ではなくて、**どのくらいの安心感を抱けるかを想**

像してみてくださいという話です。

窓から顔を出せば、友達とすぐ話せます。道を歩いていてもすれ違うのはみんな大好きな友達です。そういうホームの安心感を、どうして今、勝手に抱いてはいけないのでしょうか。

もちろん、全員とベタベタ仲良くする必要はありませんし、人生で接することのできる人の数には限りがありますが、公共の場にいるときなどに、その「人類みんな友達」という安心感を抱く自由は常にあります。競争的な状況に置かれたとしても、「いやいや、みんな友達なんだから、そんなにぎすぎすしなくてもいいんだ」と思い出してみることで落ち着いてくるでしょう。

「人類はみんな友達である」という認識がある一方で、もちろん、「他人は助けてくれない」という認識を抱く**自由**もあります。

ただ、**どちらか好きな方の認識を選べと言われたら、前者を選んだ方が気持ちはとても広々として緩んでくるはずです。**

そう考えると、エゴを使った「自分をうまくやる義務」とは、「個」への孤立ゲームだと見えてきます。

「人は助けてくれない、自分という個をうまくやる義務を果たすことが自分の幸福なんだ！　それ以外ないんだ！」という緊張した認識は、「世界からの分離の観点」だと気づいてきます。ようは単純に**エゴがマインドのうえで、森羅万象から自らを切り離して、ストレスを溜めて考えている状態**にすぎません。

よく、スピリチュアルで「分離はいけませんよ」という話があったりしますが、それは単純に、**「分離」が楽しくないから**です。楽しくないということは本来享受していい自然の豊かさや安心感に反していることだからです。

必要ないなら存在しない

さて、ここで「森羅万象」という言葉が出てきました。以下、「個」の対としての「全体」というニュアンスでこの言葉を使ってみます。

ちなみに、なぜこんな壮大な言葉をあえて出したかというと、この言葉を出すことで**「エゴ」「個」という狭い範囲のみを自分だと思い込んできた認識自体に余白を与えるため**です。よく、海に行くと「海が広すぎて、悩みなんて忘れちゃったよ」というセリフを言う人がいますが、まさにその視点です。

視点がマクロになるとき、問題は問題としての臨場感を失います。正確には、問題として興味を維持し続けるモチベーションを失います。泣こうとしても、もう涙が出てこなくなってきて、わざと悲しいことを考えて泣こうとすることがありますが、あの感じに似ていますね。

これは問題の現実逃避だと思われる方もいらっしゃるかもしれませんが、そもそも、「問題を抱く」ということすら平然と楽しんでいるこのわたしたちという存在は、一体どこから来たのでしょうか。

どこから来たのかというと、やはり、森羅万象から来たとしか言いようがありませんから、**自分がもともとは森羅万象だと認識してみることが大切**です。

「どこから来たって、DNAからですよ！」「親からですよ！」などの視点もありますが、じゃあそのDNAもどこから来たのか、親の親の親はどこから来たのかなどを問い始めると、やはり森羅万象としか言いようがありません。

これは、単純に「自然から来た」と思ってもらってもいいですし、量子物理学の「可能性領域から発生した」とか、形而上での「ソース（源）から来た」「タオから来た」などと言われているものをイメージしてもかまいません。形而上的に見ようが、形而下的に見ようが、いずれにせよ、自分より巨大なものであることに違いはありません。

この肉の体の隅々まで神経が行き渡っており、何かを感じ、それを自分だと思ったりする現象それ自体、非常に手が込んでいて高度な謎です。

そう考えると、もし本当にあなたが、今そこに人間として存在していることが必要でないのなら、そこに個別のあなたという人間としての肉の体を用意させ、意識を登場させたりと手のかかることはしないでしょう。

そういう意味では、たとえエゴには分からなくても、今の瞬間の森羅万象全体の采配として、**森羅万象にとって必要だから、あなたはここにいるのだ**ということが言えます。

わたしたちはよく、「一体自分は何のために生まれてきたのか？」と自らに問いかけますが、**生まれてそこに存在している時点で、すでにその意味は森羅万象の中では果たされているのです**。そこから先のエゴの悩み（「使命を見つけなければ！」など）というのは第一志望の大学に入って、「さぁて、あとはどのサークルに入るかだな」と迷っているような贅沢《ぜいたく》な悩みに近いですから、好きなサークルが見つからないことを嘆かなくても大丈夫です。

あなたはすでに完璧に自らの価値に所属していて、何が見つかろうと、見つからなかろうと、あなたの価値が変わることはありません。ご自分の価値を大いに肯定してください。「自分を肯定する」ということも、「自分（森羅万象の一部）の存在を肯定する」という視点でやるのであれば、これがエゴの言うところの「ただの虚しい独りよがりの自己満足の練習」などではなく、**森羅万象への深い敬意にもなる**と分かります。

こう捉えるなら「自己満足な自己肯定はやりたくない」と思っている方も、自己肯定を行いやすくなるはずです。

みんなが主体でも、世界全体は調和している

ちなみに、「森羅万象の意思」などと言うと、「なんだか怖い」と感じるかもしれません。「自分は森羅万象によって好きに使われているコマなのか」とエゴはお馴染《なじ》みの無力感で捉えるからです。

でも、森羅万象や神をイメージしたときに抱きがちな「自分がコマになっている」という見方はまったく逆です。むしろ、**あなたこそが、その森羅万象という巨大な意図を決定している重要な構成要素**なのです。

この部分も理解していってみましょう。

森羅万象とは、可能性を持った神の集まりです。つまり、等しく力のあるもの同士が一堂に会していると言ってもいいとわたしは考えます。あまりにもさらっと集まっているために、気づかれないだけです。

第3章で「自分は神である」という話をしたとき、「自分を神だなんて言ったら恥ずか

しい、一人だけ何様なんだと思われる」と受け入れがたく感じた方もいらっしゃるでしょうし、「ちょっと待って。自分が神なら、他の人は一体何なんですか？」など、自分が神のとき他の人はどうしているかが気になった方がいるかもしれませんので、ここで分かりやすいようにフォローしておきます。

まず、安心してください。

神なのは、あなただけではありません。なので「一人だけ何様」ということはありません。

全員が神、それぞれの人生の創造者です。あなたの好きな人、嫌いな人、ご家族、ご友人、知らない赤の他人、知らない国の人、「神なんて頭大丈夫？」と言う人も、全員が神で、対等に尊いわけです。神でひしめき合っているという感じです。

自分が神であり、同時に他の人も神。それが森羅万象です。

そして、神同士が拮抗《きっこう》し合うのではなく、**誰もが神であっても、バランスが取れている。**

すべての人が「自分の世界の神（監督）」として生きていても、他の神（監督）の世界では見事に俳優をやっている。メガホンを持って叫んでいるあなたを、誰かが別のところか

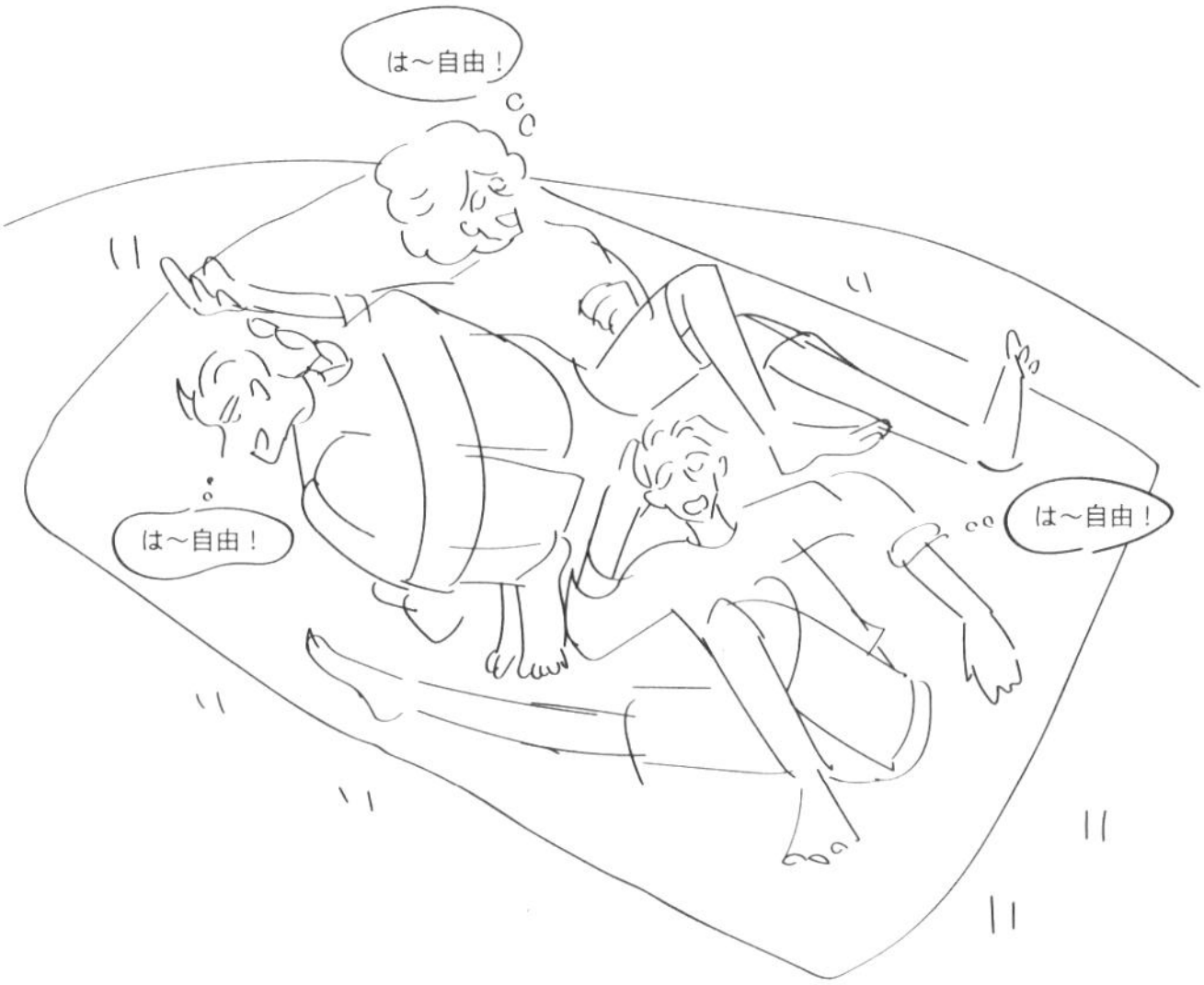

レジャーシート（世界）の中で、
それぞれがのびのびとオリジナルで好きなポーズをしていても、
本来は整合性がとれる。
それぞれの喜びや自由の形は異なる。

ら撮れば「メガホンを持って叫んでいる監督役の俳優」ということになります。整合性がとれてしまう。

また、この驚異の整合性について言及するとき、よくよく辿《たど》っていくと、**わたしたちが同じ一つの巨大な神だ**という視点も持てます。すべては森羅万象から起因しているからです。

たとえるなら、わたしたちは小指や人差し指に「これが自分だ」と自我を宿しているというだけであり、実は、巨大な体の方が本体で、たまたま今は小さい意識に割り振られているだけで、各人（神）は、もとはその巨大な神の本体の方から分裂していったサテライトのようなものだとも言えます。「森羅万象、◎◎（あなたの名前）局」という感じです。

なので、各自が自由意志を行使しているように見えても、結局それは「誰の自由意志か？」と言うと、「全体から来ているあなた」の意志ですから、つまり**全体の自由意志**です。小さい小指の自由意志に見えて、体全体の自由意志でもある。どちらの自由意志と取ってもトータルの整合性がとれてしまいます。

たとえばあなたが「1位を獲ります！」と言うと、「分かりました、わたしは2位を獲ります」と言う人が現れてくれる。これは2位の神が1位の神に神力で負けたのではなくて、2位の神にとっては、2位であるという完璧性であり、そのとき2位の神にとっては1位の存在は、たとえ1位でもエキストラにすぎません。ビリの神がいたとしても、その神にとっては、芸術的なビリであり、その他の上位の神すべては、その芸術を支えるためのただのエキストラです。主人公の選択や主人公のシナリオを演出・展開させるためにしかいません。

つまり1位を獲っても、ビリになっても、それぞれの完全な芸術でしかないということです。各神にとっての物語が絡み合い、全体をものすごいバランスで構成しているということですね。

別々の楽器を持った人が四方から現れて、好き放題、誰にも遠慮せず即興で演奏したのに、それが一つの寸分の狂いもないカルテットになったようなものです。

わたしたちはそこに存在しているだけで森羅万象の願いを叶え、森羅万象オーケストラに参加し、使命を果たしています。「森羅万象にとって必要だから存在している」というシンプルな話です。**あなたが今こうしてあなたのパートを演じていることが、今のオーケ**

ストラを支えているのです。エゴでは「どう考えても何も生産していないし、誰の役にも立ってもいない」と思ったとしても、です。それは全くの嘘なので。

加えて、わたしたちのイメージする「活動」や「仕事」としての「使命」でも、この恐ろしいまでの整合性は発揮されます。

結局、森羅万象の一部として、もともとプログラミングされてきた自分の中の快を、ただ各人が素直に活かすこと＝「使命」であり、それによってこそ、森羅万象が活性化されます。だからこそ、全体（森羅万象）から奨励されているのだとわたしは考えます。

たとえばわたしたちは、「家を建てることが生きがいだ！　だから、大工が俺の使命・天職だ！」などと、個人の視点から「自分が自分の賢明な決定と行動のうえで何ができるか」という観点でのみ自らの使命を捉えます。そして、小さい個の自由意志で家を建てることを選び取ったと勘違いします。

しかし、実のところ**発揮されているのは先天的にプログラミングされている「好み」です**。それを「活かさなきゃ！」というおかしな義務もなければ、「わたしのために活かす！」などというプレッシャーを個人が抱く必要も実はありません。各人が快を感じやすいポイントに向けて「ほら、それ好きでしょ。使えるなら使ったらいい」と森羅万象がいつでも背中を押してくれているのです。

なので「**自分が**見つけなきゃ！」というエゴでのこだわりや力みは不要です。おかしな圧力をかけなければ、ただ単に、自らの快に従っていくことができます。そしてもともと搭載されている才能が後押しされるという流れになる。そうなると、**自分をうまくやる義務の苦しさは減ってきます**。

しかも、その整合性がとれ続けるというシンクロニシティが起きています。先ほどのカルテットの例のように。

あなたが何かの意図を持って何かを行うとき、それを必要だとする人も生まれます。あなたがソプラノを演奏するとき、アルトを演奏してくれる人がいます。同時にそれを聴く人も生まれます。けなす人も生まれるでしょう。

先ほども言及したように、全員がそれぞれ巨大な神の一部であり、言ってみれば「中の人が同じ」状態です。だとしたら、テレビで言うところの「やらせ」の予定調和みたいなもので、シンクロが起きて当然です。**あなたに「何かをしたい」というインスピレーショ**

ンが湧くということは、森羅万象の中に（そして他の人の中に）、あなたがそれを行うことを求めているもの（人）があるのです。

また、それを別の観点から考えると、あなたが森羅万象によってプログラミングされたままの「あなた」でいることで、「あなた以外」を自然と生んでいるとも言えます。たとえばあなたが「何かを行いたい」と思うと、「何かを行ってほしい」と思う「あなた以外」が生まれる。あるいは、「何かを行ってほしい」という「あなた以外」があるから「あなた」がある。

これはAという物体が空間に生まれた瞬間に、空間が「A」と「A以外」に分けられるようになるのと同じです。つまり「あなた」が生まれることで必然的に「あなた以外」が生まれる。**「あなた」は「あなた」でありながら、「あなた以外（森羅万象）」の生産者でもある**と言えるわけです。

となると、個人だけでなく、個人の観察する森羅万象や、そこに現れてくる他人も、自分ゆえの他人であり、逆にまた自分も他人ゆえの自分でもあるということが分かります。

そしてお互いがそれぞれに神で、それぞれにめいっぱいの自由意志とともに力を発揮して自分の世界を観察していても、整合性はとれてしまう。

そのありえないほどの自由意志を嚙み合わせる整合性が、神ゆえの技というわけです。

量子物理学では、物理的にどれだけ離れている粒子でも一瞬で情報の伝達が起きてしまう、アインシュタイン博士を不気味がらせた「量子もつれ」が有名です。

この話を聞くたびに、神だからできる整合性のことを考えずにはいられません。これは「中の人が同じ」だからできるのではないかとわたしは感じます。つまり、**全部自分**だからできてしまうのではないか、と。

ようは、わたしたちが宇宙を含む森羅万象をすべて覆うほどの巨大なものであるとするなら、バラバラのもの同士が奇跡的にテレポートするのではなく、一つの存在の中を情報が行き来するという観点で捉えられます。

すると、膨大な距離も自分の「外」にあるのではなく「巨大な自分の中に含まれている」ことになり、観測した瞬間にあっちとこっちで示し合わせてその内容を決めることもできるはずです。手を動かそうと思えば肘《ひじ》や胸の筋肉も動くことや、足先に触れられると脳がすぐそれに気がつくのと同じように。

だとすると、わたしたちは自分たちを過小評価していたのではないかと考えざるをえません。森羅万象としての自己認識を忘れ、エゴで自己認識の範囲を極端に狭くしたり、「わたしはこっちサイド、それ以外はわたしではない」という偏った見方をしていたのではないか、と。

なので、たとえ自分がどちらか一方の立場のように見えても、同時に相手も作っているし、同時に自分も作られているという見方をするとき、**どちらサイドの存在も自分であり、自分は全体と言えます**。

であれば、個が何かを望んで手に入らないとき、「手に入らないという現象」と「手に入らないで悔しがる自分」の両方の生みの親であると言えます。自らが自らのために起こしたものなら自浄作用があり、そこにも美がある。内容にかかわらず、自分が、自分と世界の両方を作り体験することを、森羅万象に常に後押しされて応援されている。そう知ると、たとえエゴが大騒ぎしたとしても、エゴの大騒ぎを含め、「今の体験はありのままでいいんだ」と納得しやすくなります。

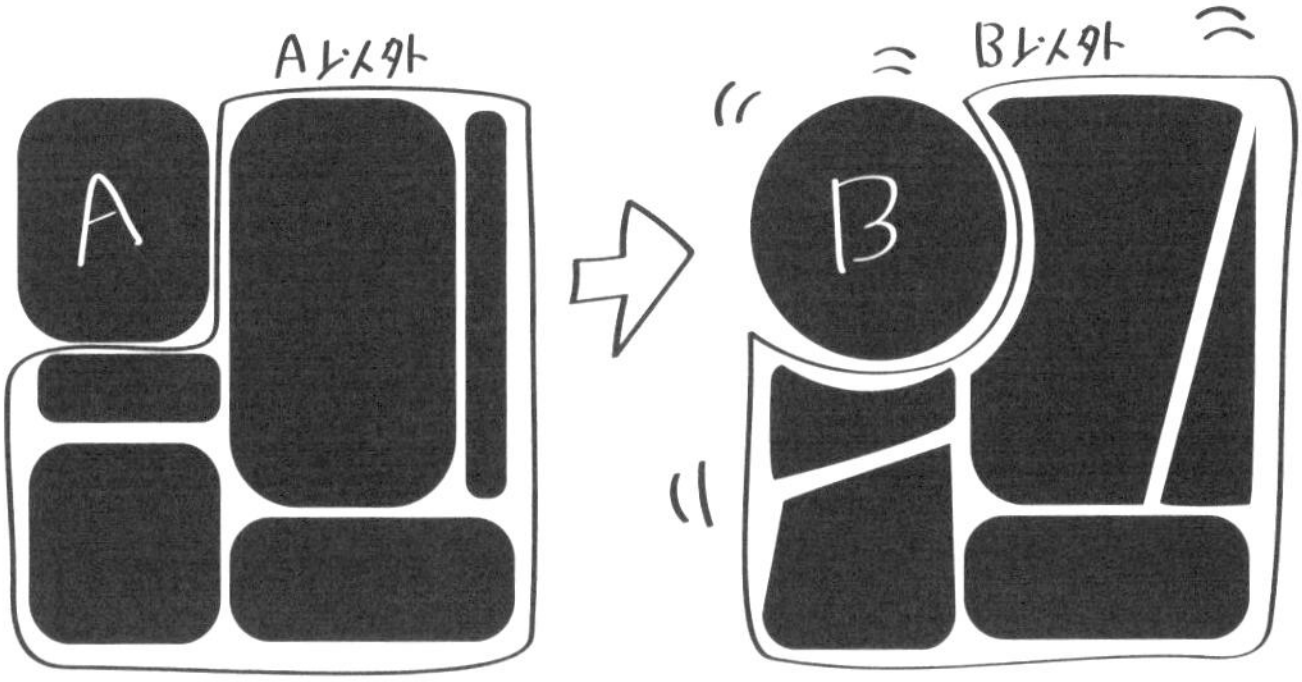

AがAという形で
存在していることで、
A以外の形も自然と作られている。
Aは同時にA以外を
作っていると言える。

AがBという形に変化すると、
それ以外の形も変化せざるをえない。
ここで、「AとA以外」の
世界だったものが、
「BとB以外」の世界に変化する。
つまり、一人が変わると、
世界が変わる。

理解したあとは、すでにこれまでと違う森羅万象の一部としてそこに存在していて、問題に対して拘泥《こうでい》している自分ではなくなるので、**問題の認識自体も存在しなくなります。**

なぜなら、「問題がある」という認識が「問題」を同時に作る予定調和であり、その問題視をするエゴの茶番を見透かしたあとは、AとA以外の部分という考え方で言えば、Aだったものが Bに形が変わるようなものだからです。自分がBに変わったとき、世界はもはや「A以外」ではなく、瞬時に「B以外」になっていて、「問題」と呼んでいた当初の対象も質を変えているというわけです（前ページのイメージ図参照）。

悪い感情を悪いと認識しないで毒消しするのも、そのためです。毒の認識を消すとき、毒を毒たらしめた世界ではなく、毒を毒としない、毒をも包括した別の世界が巨大な森羅万象という自分の中で生まれます。

そしてその発生すら、実は自分の意思ではなく、森羅万象のプログラミングかもしれません。ようは、あなたが「自分が自分を律してそうなった」と思っていることも、実は森羅万象の企みにすぎないかもしれない、ということです。

「わたし」はない？　観念上の痛みから自由になる

そう考えると、こういう見方もできます。

「自分が森羅万象なら、わたしというエゴは蛇足（なくてもよいもの）なのでは？」

そう、「わたしが、わたしが！」とがんばって「個」というものを運営したり、維持したりしようとする**エゴの意図がなくても、自分は森羅万象の一端なので、自分でなくなったりはしない**という事実に気がつくはずです。

名前を失っても、過去の記憶を全部失っても、あなたがあなたでなくなることはありません。あなたは、森羅万象に背中を押されるまま、森羅万象を構成し続けます。あなたのエゴのイメージしているイメージ上の自己像が消えることはあっても、今、現象や世界を〝体験する主〟である自分は消えません。森羅万象が望んで、自分を自分でいさせてくれていると捉えるとき、「自分はへんに計算もせず安心して、自然の促しに従ってここにいればいい」とリラックスしてきます。

また、肉体が消えても、人間の肉眼で見えるフォーム（形）でなくなるというだけで、それは森羅万象に「あなたはもう用無しだ」とリストラされるのではありません。

もし死ぬときにあなたの意識（魂）が、あなたの体から抜けたとして、そうしたら、その確実に存在していたものはどこに行くのかというと、消えはしません。たとえば、あるものを半分にして、それをまた半分にして、それをまた……と繰り返していくと、肉眼で見えなくなった時点で「なくなった」と私たちは判断しますが、肉眼で見えない粒子としてそれは依然としてそこにあります。それと同じです。

水蒸気のようにフォームが変わる。「今度はこっちに移動してね」と姿形を変えて森羅万象の一部の役割を担い続けるのは同じはずです。ちょうど、水が見えなくなったあと雲になり雨になって、大地に染み込み、川となり大海へ出て、蒸発してまた霧になったりするように。

わたしたちがイメージできる森羅万象の範囲すら超えて、そのときの**森羅万象に求められるベストな形としてぐるぐる姿を変えながら存在する**はずです。

そんなわけで、「小さい限定的な個としてのわたし」というのは、エゴの概念上にしかない――これが分かると、実は楽ではなかった痛みの部分が、すべてこの「森羅万象から分離した観念上の『わたし』」の部分の痛みだったことに気がつきます。

「いつか死んでしまうまでに、うまくやらなければいけない！」と恐怖して必死になっている部分は、「エゴの思っている自己像」という小さい自己認識の演出であり、その小さい自己認識に固執している部分の痛みにすぎなかったということです。

仏教などでは「煩悩《ぼんのう》があるからそれが苦しみを生む」と言われています。『わたし』という個の認識ゆえに痛んでいる」というのはまさに「煩悩」に似ています。

ここで再び、「自分は自分の感じ方を体験するだけ」という言葉を思い出してください。

実際、「煩悩」は「感じ方」で、「感じ方が歪《ゆが》むとき、世界も歪んで見える」「レンズに埃《ほこり》がついたとき、埃がついた世界が見えるだけ」ということがあります。「世界がダメなんだ！」と考えるのではなく、「レンズ（エゴとの同期）なしで眺めてみたらいいじゃないか」というリラックスした視点を持っておくと、思い出すたびに自分を正しい位置に戻してくれます。

かの有名な老子《ろうし》も無為自然というものについて言及しています。

この無為自然とは、**「人為的な行為を排して、あるがままの天地の在り方に従って自然に存在すること」**とされています。

これは、「わたし」のストーリーの色眼鏡越しの現象と、本当の純粋な世界は実はまったく別物であり、**「わたし」という小さなエゴのレンズを通さなくても世界を体験することはできる**という意味だとわたしは考えています。

ようは、眼鏡をかけて世界を見ることもできるし、外して裸眼で眺めることもできる、というような「チョイス」の話です。


本来の「自分」とはエゴで思う「わたし」とは違い、何の価値とも関わりがなく、手垢《てあか》も圧力もかかっておらず、価値判断の外野にいます。その視点から体験や感じ方を眺めてあげる時間を持つことで、ありのままの現象と触れ合える。それが「わたしはない」という視点の旨みであり、真髄です。

拡大する自分、縮小する自分を捉え直す練習

また、「わたしはない」と言うと、エゴの方を自分だと認識している場合「怖い」「虚無感が襲ってくる」と言う方がいるかもしれませんので、怖くないように補足をいたします。

繰り返しになりますが、「わたしはない」というよりも、「わたしは小さい個ではなく、巨大な全体（森羅万象）」であり、「エゴの自己像としての小さい・狭い『わたし』は、本当のわたしと言うには不十分である」ということです。

自分が完全にないということではありませんから、安心してください。むしろ、これまで認識していた小さいところから、広いところ（森羅万象）へ「わたし」の認識を戻すことであり、自分の範囲が広がります。**自分はないどころか、森羅万象へ拡大する**のです。

森羅万象＝あなた！と言っていいほどに、**わたしたちは森羅万象に含まれていながら、同時に森羅万象そのものでもあります。**

たとえば、おへそなしに人体は成り立ちません。

けれど、もしおへそ自身が人体という広いものを理解していなくて、「自分はいきなり訳の分からない肌色のところに放り込まれた非力な穴」だと思い、「自分は過去に一瞬栄えたけど、その後は特に何もしていない……、自分の価値を証明しなければ！」と訳の分からない活動をし始めたら大変です。

しかし、おへそが「ああ、自分なしに人体が成り立たないのなら、『自分はおへそ』と言うよりも『自分は人体だ』と言ってもいいじゃないか」と理解するなら、そのおへそは非常に幸せですし、役立たずでもなければ孤独でもありません。

同じように、「わたし」とひと言で言ったとき、この体の範囲だけでなく、自分の想像しうる森羅万象の範囲全部を「わたし」と呼んでもいいわけです。そういうふうにこの巨大な事実に心を開いてみると、自分を定義していた小さいサイズを飛び出して、どこまでも広がり、呼吸がしやすくなり、とてもリラックスした心地になります。安心して、「どーん！」とここにいるだけでいいのだと感じます。そこには「自分をうまくやる義務」もありません。

もちろん日常の渦中で、自分が「個」になりきって、「かっこいいわたしにならないといけないんだ！」と言っていろいろな条件に没頭することもあるでしょう。それもゲームだからです。

でも、もしゲームだという感覚を通り越して不快になったとき、たとえば仕事の最中に苛立ちを感じたら、「あれ、ちょっと待てよ。今狭いところに没頭しているな」とトイレに立つなどして自分を振り返ってください。そして、自分が没頭していたこと、仕事のメンバー、そのメンバーのせいで傷ついたエゴ、進行中のプロジェクトやそれに関わる他社、今いる建物など、そのすべてをわたしは内包しており、それら観察しているもの全部を含め「自分」と呼んでもいいんだと思ってみてください。

すると自分というエゴの認識での小さい境界線が溶けていきます。

自らが毛嫌いしていた自分の失敗、社会にあるように見える観念、ポーズを取らなければならない相手（他者）と思っていたものも、「それらは全部自分だった」と境界線をなくして全部飲み込んでしまうとき、それまでは問題のように見えたものも、拡大した自分に包括される形で毒性が霧消します（これは第3章の終わりに挙げたＳＦの話と逆行するように見えますが、実は本質は同じです。規模は違って見えますが、「自分が自分の眺めている世界までを自分の作品と扱うこと」「自分の体験するものを自分が含んでいると捉えること」はある意味で、自分が非常に拡大することであり、自分＝世界、自分＝森羅万象と包括する視点です）。

「自分だけが体験しているオリジナルのゲームなんだから、どれも価値があるし、これでいいんだ。それを楽しむことや、そこで悩むことも森羅万象に提供されているし、肯定されている美だ」と納得できたら、その視点を持ち、再び仕事に戻ってみてください。

そうするとまた「……とは言っても予算はどうするの？」や「どうして自分が意見を言うとこの人はつっかかってくるんだろう？」など、小さい認識世界に入り込んでいこうとするエゴへの感情移入を体感として理解できるはずです。「さっき大きく拡大したのに、また小さく縮小していこうとしている！」と感じられるはずです。

このとき焦らないでください。このように**拡大縮小の動きを感覚的に感知できるのはとてもいい傾向です**。

縮小とは、「自分の価値を積まなければいけないという世界観へ戻ってきた」という肌感のことです。この違いが感じられるのはとてもいいです。その体感の違いを大切にしてください。

もし縮小傾向にあると感じたら、「縮小を楽しんでいる」と落ち着いて客観的に肯定してください。これによって逆に、**自分が、縮小傾向の自分よりも外側からそれを眺め、包容しているという力関係がはっきりと生まれます。**これだけでも、広さ・マクロへの足がかりは残したままでいられます。

「縮小を肯定するなら、最初からもうずっと縮小したままでいいじゃないか」「ネガティブを肯定するなら、ずっとどっぷり最初から何もしないでネガティブなままでいいじゃないか」と思うかもしれません。

しかし、この「気づく・客観する・外側から肯定する、楽しんでいると認める」という3ステップの視点を持つことは、ただ単に野放図《のほうず》にどんどん縮小していって自分が縮小していることにも気がつかないのとは訳が違います。「**自分の行っていること、楽しんでいることが何なのかをメタ的に知り直し、肯定すること**」だからです。

さらに言及すると、縮小するのが悪いわけでも、拡大するのが偉いわけでもありません。拡大も縮小も、森羅万象という巨大な自分が行っているものであり、これまでのエゴで認識していた自分という小さい個人の必死の努力の成果や、愚かな間違いの結果ではないからです。

この巨大な認識こそ、「『わたし』が一人で自分の根性でがんばらないと！」というプレッシャーを伴った独りよがりなゲームの認識から自由になれる、とても大切な鍵だと言えます。常に森羅万象に後押しされていると感じるだけで、孤独や緊張は減っていきます。

カップルが抱き合うときに訪れている現象とは？

人や建物など、自分の意識が観察できるものをすべて含んでいるとしたら、あなたはあなたの見る世の中で観察する限りの豊かさ、楽しさ、幸福をすべて含んでいることになります。そして、あなたの見る世の中で観察できる限りの不快や忌まわしいもの、それらの全部すらも自分が包括しているとも言えます。

このとき、「よいものだけ」ではなく「悪いものも含んでいる」と理解するのはなぜかと言うと、**「自分」にはその人にとっての自浄作用があるから**です。「自浄作用」とは何か、例を出して紹介しましょう。

たとえば、料理に髪が混じっていた場合、自分の髪ならまだ我慢できますが、誰か分からない他人の髪だと途端に気持ち悪さを感じるものです。

半面、「お母さんになると、汚いものに触るのが平気になる」と聞いたことがあるのですが、世のお母さんたちは、赤ちゃんのよだれや、便・おしっこを気にせず扱います。それは**自分の範囲に赤ちゃんが含まれていて、汚いもの（他）ではないという認識があるから**です。

また、恋人たちが肉体的に触れ合っているとき、単に社会的意味上の「ロマンチック」だけでなく、実はこの「ボーダーレス化」の奥深さを無意識に味わっているはずなのです。

本来は自分ではない、気持ち悪いはずの「他」との境界線がなくなる経験として、間違いなく、**自分による自浄作用が他人に対しても起こることを実際に味わっている**瞬間です。

そして、この「自他の境がなくなること」こそが、わたしたちが友人やコミュニティ、パートナー、家族に潜在的に求めているものだとも言えないでしょうか。

「自他の境が減り、自分を守ったり誇示したりしなくていい、安心できること」

別の視点で表現するなら、**「自分という自浄作用が人生に広がる喜び」**です。

だとすると、別に汚いものに触らず、肉体的なボーダーを思い切って取り払わずとも、認識のうえからでも「自分」という認識の範囲を広げることは最高のリラックスの一歩だと言えます。

無理やりがんばって「人間大好きの、異常に気さくな個になる」必要はありません。

「個」への緊張が薄まり、むしろ自分が全体に溶けるような感じ、開放感の方を意識してください。「気さくな」とか「根暗な」などの形容詞が薄まり、ただ全体とともにあるように感じられる方向性です。

「他人に対して冷たくするのをやめなさい！」ではなく、むしろ「壁を作って自分を壁の内側に押し込めなくていいんですよ、リラックスして！」という方こそ重視してください。

壁を作るとは、他者を排除するよりも何よりも、**自分側も窮屈、不自由になる**ことでもあります。それを知ると、自ずとそれをやめてみたくなります。**自ら世界に流れ出てみる**ということです。


実際、この状態でスーパーに行ったりすると、そこにいる知らない人でも簡単に口をきける気がしたり、チャームポイントを見つけられるような気もします。誰にでも話しかけたくなり、みんな好きだと感じる不思議な感覚が訪れます。それはもう、「この世は赤の他人まみれだ」と思っているときの感覚とはまったく違います。

この感覚の違いが、心の壁で萎縮して抵抗しているときと、心がオープンになっているときの違いですので、ぜひ実験して体感してみてください。その違いにびっくりするはずです。

「やりたいこと」に隠された森羅万象の後押し

ここまで読んでくださり「人間ゲームとは、完璧を求めるエゴからしたら真逆なんだね。エゴの望みも叶えられない可能性が全然あるってことでしょ？　だとしたら、人生って非常に薄暗い嫌なものってことじゃないか」と絶望を感じた方もいらっしゃるかもしれません。

しかし、そのように捉えなくて大丈夫です。

それはエゴの言い分を自分の言い分だと思っているときの意見であり、あなたの意見ではありません。正確には、あなたは「いろいろなエゴを採用する側」であって、「エゴに視野を狭くされる側」ではないからです。

ここで再度見直したいのは、**「不完全」というレッテル自体が、そもそも特定のエゴサイドの視点によって作られた「架空の判定」であり、真実ではない**ということです。つまり、「人生が不完全」なのではなく、「あるエゴの基準の方が不完全」なのです。もしエゴが変わるならば、そのエゴの「判定」も変わってくる余地があります。つまり、**完全・不完全は可変**ということです。

ちなみにエゴが「不完全だ！　嫌だ！　不幸だ！」と判定してぶーたれているときとは、レンタルの価値観の色眼鏡で眺めているために、**森羅万象によってプログラミングされているものを素直に活かすことに抵抗しているとき**です。

しかし、プログラミングされている項目を活かすことにエゴが同意してくれている場合、**エゴは、見返りを求めない純粋な原動力になってくれる**はずです。エゴの目的と森羅万象の目的がマッチし、同じ方向を向き始めるということです。

こんなシチュエーションを例に出してみます。

ある人のエゴは「自分はデザイナーになりたい」と思っていたとします。しかし、森羅万象は「この人にはコックになってほしい」と思っている。そういう場合、最初、デザイナーになれない苦悩がその人のエゴを襲うでしょう。そして、「好きなのに才能がない自分は不幸だ！　やりたいこともやれない！」と嘆きます。「デザイナーになるのが自分の幸福なんだ！　それしか幸福の道はないんだ！」というエゴのコントロールと一致しない「不完全」を感じる痛みです。

しかし、家に帰ってむしゃくしゃしながら料理をして、そのうちに料理に癒される体験をし始めます。だんだん、家に帰って料理をすることが楽しみで生きるようになります。もっと料理をする時間が欲しいと思い始めます。これも新たなエゴですが、不思議と痛みはありません。むしろ、わくわくします。

すると、友達が「今度のパーティーで料理を作って」と言い出したりします。そして、何の気なしにケータリングを行って、その料理が思わぬ反響を呼び、気がついたらそれを仕事にするようになった――。

そういうふうに純粋な自分の快、つまり初めからプログラミングされているものに従うとき、森羅万象は絶対に後押ししてくれます。そして、そうなると、新しいエゴはいよいよ本格的に「料理が好きだ」と思い始めます（しかしここで、「さぁて、どうやって儲けるか！」「どうやって有名になるか！」などと考え始めると、また自分の喜びからずれて脱線しやすくなってしまうのですが）。
自分にしか分からない密かな活動への関心を楽しむとき、まさにエゴは健全で純粋な等身大の範囲で活動を愛します。それについて考えると、嬉しい、楽しいという感情になります。

なので、プログラミングに一致したエゴなのか、不一致のエゴなのかを確認しようと思ったら、「**今それについて考えるのが楽しいか。わくわくするか**」と問いかけてみてください。ＹＥＳなら森羅万象もそれを後押しします。そういう追い風を受けるために、**頼まれなくてもやってしまうものや、気持ちよく思えるものを行うことが大切**です。
また「それについて考えると痛みがある」場合は、どこかでレンタルの価値観が入って歪んでいるか、ずれが生じているので、それはエゴの痛みだと理解して、もう一度その活動の心躍る部分を見つめ直してみるといいでしょう。見つめ直してみて、それでも楽しいと感じない場合、それは違うということですので、次に行きやすくなります。

それに、必ずしもその活動でなくとも、その活動の中の**自分を喜ばせるエッセンスさえ**

抽出できるなら、他の活動でもかまいません。

先ほどの例を続けると、コックをやっていく中で、自分の料理の盛り付けや彩り、使う皿、飾る場所など、至るところにデザインの要素があることにある日、彼は突然気づきます。つまり、過去に潰《つい》えたはずの夢のエッセンスが復活していたという現象に出会うわけです。

そして「むしろデザイナーになりたかったのではなく、自分の好きな彩りの世界を繰り広げたかっただけなんだ」と、本人が自分の当初の願いの本質を理解し直すことがあります。

自分のやりたいことを断念して、エゴからすれば脇道に逸《そ》れた（失敗した）と思っていたけれど、むしろ今、まさに最大級にエッセンスを活用して最善の形で自分のやりたかったことをやれていると気がつく。これは、どうにか力技でデザイナーをやっていても至れなかった境地かもしれませんし、むしろデザイナーの夢を捨てたことで、デザイナーという名目に隠されていた**願い（プログラミング）の本質に出会い直す最善の道**を進めたことになります。

不完全に見える紆余曲折すら実は完全だった、というわけです。

これが、森羅万象の整合性のすごさです。いったん何かを断念したように見えても、そこの奥深くにあった文脈が、地下水脈のように生かされていて、過去の自分では想像もつかなかったような形で、ある日花開き、そのエッセンスに再会します。エゴで歪んでいたがゆえに過去には体現されなかったプログラミングが、自然の力に任せることで体現されるということです。

ですから、少しエゴについて学んでいるがゆえに「不完全に甘んじてただ生きるだけの薄暗いゲーム」と諦め気味に誤解している段階を超えていきましょう。**「不完全を完全に昇華し、自分にプログラミングされているエッセンスに出会い直すゲーム」**と理解し直す方が愉快です。

楽に生きる観点でも、「最善な道」「その人にとっての一番幸福な道」というのが、森羅万象のプログラミングに則る道であり、「任せておけば自分にとっての一番いい道が体現される」という安心を持てるとき、エゴによるコントロールで苦しんだり痛んだりする遠回りは減ってくるはずです。

逆を言うと、「エゴは最善を知らない」と理解しておくことも大切ですね。そうするとエゴでこだわる頑なさが消えて、「どうせエゴは知らないんだし、なるようになるか」という「執着の手放し」の瞬間が訪れます。

すると、エゴでは思いもよらない（けれど、よくよく考えれば心の奥でずっと求めていた）自己実現が起こるでしょう。あるいは、すでにそれが自らの人生に起きていたことに気づき、森羅万象に肯定されていたことを知って、涙が滲《にじ》むかもしれません。

第5章

「楽に・幸せに生きる」を実践してみよう

ここまでで、「エゴは自分ではないこと」「自分には価値があること」など、さまざまなことを明確にしてきました。この章ではそれらの知識を活かし、**実際に日常で使っていける実践ガイド**を展開してみたいと思います。主に、これまでの章の復習と詳細になります。エゴを発見したときの扱い方などをメインに説明していますので、ぜひ活用してみてください。

何よりも、ご自身の体験が宝です。体験して独自の感覚の違いを理解し、可能であれば、旨味を見つけてみてください。

自分とエゴを見分けるための3ステップ

まず簡単に、段階別のやり方ガイドを示します。エゴを扱うとき、感情移入の程度によって段階がありますので、まず、以下の流れを意識してみてください。

エゴを別運営化（第1段階）

まずはエゴを、自分の本質とは別のもの（それより狭いもの）と認識し、「その考え方をしているのは自分だ」と思っている感覚から脱出します。同化解除です。不快な思いが出てくるたびに「これはわたしじゃなくてエゴ。わたしはエゴに感情移入していた」というふうに、**自分は常に無傷な立場であり、エゴへの感情移入の程度を強めたり弱めたりしているだけだ**と理解します。

エゴの例としては、次のようなことが挙げられます。

- 「どうして自分はダメなんだ」などの自責
- 「あの人は仕事ができない」などの人を否定したりするジャッジ
- 「もっとこうしないと！」というコントロール欲
- 「こうなったら価値が積めるぞ」という無価値を前提とした考え方

これらは「レンタルの価値観をふりかざして、それを基準に自分の気持ちを決めるシステム」です。オリジナルのあなたではありません。赤ちゃんの頃から持っていたものではないはずです。

なので「それはエゴだね。そりゃエゴは訓練されてきたんだから、当然そう思うよね。どうぞ、どうぞ」と、別運営でエゴを生かしたまま、自分はそっとその場を離れましょう。エゴに喋《しゃべ》らせたまま、自分はスルーでOKです。その口を無理やり塞ぐ必要もありません（それにすらエネルギーを使わないのがコツ！）。エゴが喋っていたところで、**あなたの価値とは関係がない**からです。

最初は**この別運営化をやるだけで、自己認識は癒されやすい**です。自分が汚いせいでこう感じているのだという認識ではなくなり、毒消しが起きるからです。

感じることの肯定（第2段階）

「エゴで何を感じてもいい、どんな自分でもいい、どんな自分でも自分は自分を嫌わないよ」と肯定してください。

エゴで感じるのは条件反射であり、中身がありません。ボールが飛んできたとき、とっさに頭を庇《かば》うのと同じように、エゴの運動神経で自動的に動くものですから、それを責めるのはお門違いです。

なので、「ああ、エゴはそう感じたのね」と感じてしまうことにOKを出してあげてください。それによって、**エゴに感情移入しても自らに裁かれないという土壌を整えます。**

すると、不快を感じたりすることが怖くなくなります。自分に裁かれないと知っている安心感があるからです。これだけでも不幸感は薄まりやすいです。

というのも、一番愛してほしい相手である自分との距離が近づくからです。実は**自らにとって、自らに裁かれるのが一番怖く、不幸です。その一番怖いことが「絶対に起こらない（起こさない）」**ことを教えてあげます。

これは、エゴの別運営がうまくできない段階でも使えます。「エゴの別運営がうまくできない～！」と思うときも、「うまくできなくてもいいよ！　それによって自分の価値は変わらない」とエゴの葛藤を認めてあげましょう。

客観（第3段階）

だんだんエゴで感じても自分に責められなくなってくると、自然な自己肯定が芽生えてきます。

少なくとも、エゴに責められたり、エゴで何か不快を感じたりしても、それを「自分の価値とは関係のないただのレンタルの価値観」と冷静に分別して見つめることができるので、そのうち、**面白がってわざと古いエゴを直視するようになったりもします。**「うわ、これは面白いな、こんなことを昔はかなりよく考えていたなあ」とか、「こんなエゴを楽しんでいたのか」「よくこんな洗脳みたいなエゴを楽しめたな」とか。

こうなると、すでに**これまでとは違う新しい自分**です。これこそがエゴと白分の別運営化の目的です。エゴの痛みを背負い込まずに、むしろエゴを面白がると、**これまで嫌っていた部分がなくなるので、人生に安心感が生まれてきます。**

以上が、ざっくりとした段階別の流れです。何度も「第1段階」に戻ってもいいですし、「第3段階」から始めてもOKです。

これ以降では、実践を行ううえでのさまざまな視点やヒントを、おさらいも兼ねてちりばめてみました。ぜひ活用してみてください。

感覚的理解が苦手な人でも体感できる方法

何よりもまず体感、感じ方に注意を払ってみてください。**楽になれたかどうかの具体的な成果は体感でこそ感じられる**はずだからです。

「ふ〜」と気分が緩む、胸のあたりが楽になる、軽くなる、鳩尾《みぞおち》のあたりが緩む、呼吸が通るなど、体で何か少しでも感じることがあれば、それを指針にしてみてください。

「体のことを感じ取るのが苦手なんです！」と言う方は多いですが、誰もが、何だかんだ何かを感じています。

想像してみてください。外は大雨です。しかし、これから仕事に行かなければならない。「嫌だな〜」と思っているところに電話が鳴り、「今日は台風がひどいから休業！」と会社から連絡がありました。

――さて、このとき、どう感じたでしょう。その心理をありありと想像してみてくださ い。「うわ、よかったーーー！」と胸の内や時間の感覚の中にできた余裕、くつろぎ。「今日はもう、この雨の中を出かけなくていいんだ！　ぬくぬく家にいればいいんだ！」という嬉しさ、解放感。そういったものを絶対に感じるはずです。

伝えられる前と伝えられた直後の、**緊張（抑圧）↓緩み（解放）の瞬間の体感の苦楽差**

を覚えておいてください。

苦楽差にはほかにも、こんなものがあります。

・悪夢から目覚めたときの「夢か〜！　よかった……！」
・サウナから出たときの「涼しい〜！」
・暑い日の帰宅直後のビール
・肩に渾身《こんしん》の力を入れたあと脱力する

実際、人生のところどころで体験されてきた、思いつく限りの「苦楽差の解放感」があるはずです。それを「自分じゃなくて、エゴがそう思っているのであって、自分は無傷だ」と考えるときの**体感に補助レイヤーとして重ねてみます。**

具体的なやり方を示してみます。

日常でエゴに感情移入して不快でしょうがないとき、「あれ、でもこれはエゴが苦しんでいるだけだ。自分は無傷だ」と思った瞬間に、「苦楽差の解放感」を引っ張り出してきて一緒に体の上に再現します。それがサウナから出た感覚など、まったく関係のないものでもいいです。とにかく、自分を苦しみから免れた！という安堵感を一緒に感じてください。

すると、体感も相まって、はっとし、「本当だ、たしかにただのエゴじゃないか……！自分の価値とは関係ないじゃないか！　よかった～！」と体感につられて理解がついてきて、肩の力が抜け、何かを免除されたような安堵が得られます。

これまでいくら知識を詰め込んでもそれを体感に落とせなかった方こそ、ご自身にとってリアルで知っている体感を大いに活用して、具体的に旨みを味わってみてください。

よく、「プリンと醤油を一緒に食べるとウニの味になる」と、味覚のうえでの化学反応が起きると言われていますが、自分が自分に真実を伝える瞬間、**「自分の知っている解放の体感」をスッとさりげなく挿し込むことで、自分を「なんだ、無傷じゃないか！」の腹落ちの化学反応に連れていってくれるのなら、どんなものでも活用してください。**

ちなみに**この「解放感・安堵感」というのは、「関係ない」という感覚**です。

「わざわざそんな大変で難しい道を行かなくても、自分の価値は価値議論の範疇《はんちゅう》外で燦《さん》然《ぜん》と存在しているから関係ない」という前提です。

なので「何でもできる神が楽しんでいるんだから」「むしろ不完全を楽しみに来てるんだから楽しませてもらっている」という視点ですので、たとえネガティブでうじうじしていても自分を責めたりはしません。「そういうのを味わいたかったんだね」と、ひと回り広い視点でそれを眺めるということです。

それにあたり、念のため理解しておきたいのは、**「関係ない」とは切り離しではない**ということです。

自分が「体験を面白がる側」だということを思い出し、「体験に振り回されるエゴのドラマとは、実質的には関係がない」と理解していくという意味です。

ですから「自分と関係ない」とは、「知ったこっちゃない！　大嫌い！」というニュアンスではなく、「自分の価値と関係がないから、別にそれもそれでいいじゃないか」と大らかに受容するイメージです。

「免がれの解放感」というのも、「狭い範囲を自分だと思っている自作自演」からの解放であり、何か自分の力の及ばないような巨大なものからの解放でもなければ、毒を切り捨てるような本気の毛嫌いとも違います。自分とエゴの力関係では、自分の方が明らかに巨大で、楽しんでいるという余裕です。

楽に生きるうえで、自分や、その感じ方に対する否定は通用しません。**北風（否定）と太陽（受容）なら、太陽の方法しかない**ということを絶対的な法則として覚えておいてください。「自分の感じ方の中を生きること」が人生ですから、感じること、存在することを毎瞬自分に許されているだけで、人は間違いなく幸せでいられます。

エゴを否定しないでマイナスをいかに活かすか

全方位肯定はエゴではできないかもしれません。

むしろ、エゴでできなくてもかまいません。エゴでやりづらいのは想定の範囲内です。エゴは条件をつけてそれに合ったものしか受け入れないシステムなので、「受け入れない」というエゴのその態度すらも、小さな子が駄々をこねているのを見るように「いいよ！」と言ってあげてください。**マイナスを活かす全方位肯定**です。

この仕組みを詳しく説明してみます。

否定が黒い玉、肯定が白い玉とした場合、自分を責めると黒い玉が自分の中に増えます。それを見て、「うわ！　黒い玉が増えた！　最悪だ！」と考えると、またその分の黒い玉が入ります。

しかし、最終の玉の色が全体の総合の色になるので、逆を言うと、**黒い玉（否定）を入れたとしても、最後に白い玉（肯定）を入れればOK**です。つまり、どんなにエゴで否定し続けて黒い玉が増えたとしても、最後に「エゴで思ってもいいよ！」と肯定して白い玉を入れればすべて帳消しできるわけです。

自分は自分という感じ方の王ですので、王の言うことは絶対です。

エジプトのファラオ（王）が「是」と言ったことはすべて「是」になる、「ファラオが法」といった横暴が古代では通っていましたが、それと同じことが実は自分という独裁制度の中では起きます。

自分の最終決定が問答無用ですべての法であり、感じ方のすべてを決めるのです。よいと言われるものも、悪いと言われるものも、また中立と言われるものも。

その絶対的な王としての自分と自分の関係のルールの中で、もう一つ知っておくべき重要なポイントがあります。

それは**「否定」を「肯定」することは「否定」ではない**ということです。

一見、否定の肯定と言うと「否定」に見えます。「わたしはダメ人間だ」と言うことに対して「そうだね」と返すと、「そうだね、あなたはダメ人間だね」と肯定していることになり、相手を否定していることに取られてしまいます。

また、悪口を言う人（ネガティブ）がいたとき、「いいよ、別に言っても」というのは「もっとやれ！」という否定の肯定、つまりネガティブの推奨になるかもしれません。

しかし、そのルールは自分の世界にはありません。

やっている内容うんぬんは関係がありません。もうやってしまっているのなら、それはそのとき学びの過程でやる必要があったからやったので「それを行ったあなたでもあなたを嫌わないよ」という、自分という存在のみに向けられた、自分の純粋な肯定が必要なのです。

「そんな自分に甘いことをしていったら、世の中の秩序がおかしなことになる」と思われるかもしれませんが、むしろ、この**自分からの無条件の肯定を得ることができないからこそ、他から奪ってでも自分を満たすものを得ようと、人から奪ったり殺したりします。**

そして、外にそれを求め、よりややこしく痛みの多い問題や戦いを作り出します。だからこそ、平和のために、やはり各人が十分自らにフォローされ、肯定され、愛される、満たされる、欲しいものを与えられることが大切です。

なので、まずはわたしたち一人一人がそれを始めましょう。何度しぶとくエゴの黒い玉が出てきても、しぶとくその黒い玉そのものを客観して、「いいよ、エゴはそう感じるのね。感じてもいいよ」と肯定してあげてください。

「そんなことできるか！」と思ったら、「そんなことできるか！　**……と思ってもいいよ！**」と肯定してください。

「そんなことできるかと思ってもいいよ……なんて思えないよ！」というときも、最後に「……と思ってもいいよ！」をつけて全方位肯定を行い続けることは、黒を黒のままでいいとすることであり、**黒すら全肯定し、白に解毒する**ことになります。

しかし、気をつけてください。

逆に「黒は嫌だ！　白にしないと！」というように、「白一色にしたい！」というネガティブ・ポジティブの二元論に根ざした考えで**否定を遠ざけるような肯定をしては、逆効果です**。これはパッケージ的には「肯定」に見えても、中身のニュアンス的には「否定の否定」だからです。

その場合は黒い玉が入ります。そのときの自分の在り方を否定しているからです。毒を毒で制そうとするようなものです。

これはよく、本気で思っていないのに「できる！　できる！　わたしはすごい！」などと無理やりポジティブを押し込もうとすることに妙な違和感や盲目感、胡散臭さを感じたりする理由でもあります。

ダメなエゴを殺すということは、「そのときの今の自分の否定」になります。わたしたちは本能的に「自分を否定しても得がない」ことを知っています。自分がそこに含まれていることも忘れて、自分の立っている土地を後先考えずに真っ二つに割ってしまうようなことは避けたいからです。

ですから、黒を活用して白にしましょう。

楽に生きるためにこそ、殺してはダメなのです。今の自分（ダメダメでも）を自分に肯定されるなら、今すぐにでも癒されます。

また、今の自分を肯定する理由はもう一つあります。

エゴがやっているのは、やはり自分がやりたくて感情移入しているることだからです。

自分がやりたくてやっているという主体性を否定すると、主体性を失っていき、無力感が強まっていきます。たとえそれがどんなに非生産的なことでも、否定をすると絶対に自分は多かれ少なかれ機嫌を損ねます。どんなにつまらない内容の映画でも、楽しんでいるときにブチッと消されたときの感覚に似ているからです。

そのエゴの扱いをうまい具合に心得てみてください。

たとえば、「自分はダメ人間なのだ」と管を巻いている人に、「そんなことないよ！」と言っても、聞き入れてもらえないことは多々あると思います。「むしろそれ、楽しんでない？」と思えてくることもあります。

まさにそうです。**神様が楽しんでいらっしゃる**んです。

これは自分のときも同じです。

エゴが管を巻いているときは、第二のエゴから見てどう見えたとしても、間違いなく何らかの角度でそれを楽しんでいます。神聖さがあり余ったゆえの遊びとして、肯定するところから始めてください（36ページのイラスト参照）。

「完璧な存在なのに、自分のことをわざわざ『ダメ人間だ』と言うのを今は楽しんでいるんだね。**それをやってもやらなくても、もともと完璧だよ**」と。

肯定はこういうふうに、**まるっと巨大な両手で包み込むように、包括的にやってみてください**。エゴでの野心のない、器の大きな肯定をするのが「自らに自由を許されている」と本気で思えてきやすいやり方です。

自分とエゴの見分けがつかなくなった人へ

「とはいえ、どっちがエゴだか自分だか分からない」となってしまう人もいるはずです。そういうときは次の基準を持ち込んでください。

本来、**あなたはただ存在しているだけでいい**はずです。そこに、**難しさや意味、コントロールを持ち込んでくるのがエゴ**です。

たとえば、森の中をただ歩くだけではつまらないので、「森の中に生えている木の数を数え切らないといけない。それができないと生きている意味がない！」と架空のゲームのルールを入れ込み、わざと緊張して歩いているようなものです。

しかし、その**リラックスできないゲームを勝手に面白がって始めたのは自分**なのです。

エゴはそのゲームに没頭するための演出部長として雇われているにすぎません。

「自分で始めたゲームをやめていいの？」と思うかもしれませんが、本当にエゴのゲームをやめたくない場合、やめるというインスピレーションや情報をそもそも自分の人生で観察しませんので安心してください。「死ぬまでエゴへの感情移入ゲームをやりぬくぞ！」という神様にとってはこの情報は不要なので、耳にも目にも入らないようにできています。なぜなら、その神様がご自分で観察されないからです。

しかし、少しでも耳や目に入るとしたら、あなたという個は森羅万象から「ゲームソフトの切り替えが可能ですよ」と可能性を提示されています。

これは選民思想などではなく、それぞれ尊い神の選択ですし、また森羅万象の一部であるあなたが、森羅万象の促しに従って動くというだけでもあります。「あなたがあなたをうまくやるためにしなければならない努力」ではないと捉え、気が向いたとき、気楽に身を委ねてみてください。

そう、**あなたはあなた自身をうまくやる必要はありません**。

というのも、結局、エゴも森羅万象の現れでもあると言えばそうだからです。森羅万象でないものはないわけですし、そもそもわたしたちが、自分で考え出して意味のないことをしているというのもおかしく、エゴに感情移入することにも**森羅万象の中で森羅万象にとって意味があり、許されていたからやっていた**と言えるはずです。

森羅万象からいくつも示唆されている道があり、「エゴと一体化する」「エゴを責める」「エゴから脱する」「どうでもよくなる」「エゴを受け入れる」といったいろいろなコマンドの中から、わたしたちはそのときの自由意志でアクションを選びとっています。

しかしその自由意志すら森羅万象の決めたものかもしれませんが、少なくとも「自分で選んだ」と思うようにはできています。

常にいくつもの可能性がありますから、「楽に生きる」を選んでも「エゴのしんどさ」を選んでも、「森羅万象に許されたコマンドの中のものなんだな」と安心してください。自分一人の英断や過失ではありません。

サポートされていますし、肯定されています。だから選択すらも、どれも貴重です。なので安心して、「あ、この力みはいらないんだ」と思い出してみてください。

また、力んでいたとして、たとえそれをやめられなくても、それでいいので、その「エゴに没頭する」という状態すら、「わたしの森羅万象は今はそういうときなんだな」と、落ち着いて眺めてみてください。

「エゴは」を主語にして別運営化を試みよう

不快なときは基本、エゴに感情移入して自分の価値とつなげて考え、「自分の孤独な問題」と握りしめているだけです。

その感情移入に気づくために、**主語を「エゴは」にしてみましょう。**

いいもの悪いもの問わず、自分が感情に飲まれて居心地が悪い、そわそわする、いらいらすると感じるときは、怒り、悲しみなどの強い感情のほか、不協和音レベルの不快もエゴですので「ああ、今エゴはそう感じてるのね」というふうに、「エゴは」と主語を変え、「自分の」問題という握りしめをほどきます。

どのようにやるかお見せします。

たとえば、よく「人と比べて嫉妬してしまうんです」という話を耳にします。

ここで注目したいのは、この言葉には、**先頭に「わたしが」という一人称が隠れている**ことです。日本語は主語の明示がなくても通じやすいため省略されますが、確実に「わたしが」が入ります。**主語を「わたしが」と思い込ませ、まるで自分の発言や考えのように錯覚させるほど巧みに感情移入させるのが、エゴのすごいところです。**

なので、そこは騙されないでください。**「エゴはそれをやっている（わたしはそれを見ている）」**というふうに主語を「エゴ」に直します。

「人と比べて嫉妬しちゃって」→「人と比べてエゴが嫉妬して」

「なんだか頭にきちゃって、そんな頭にきた自分に嫌気がさして」→「エゴが頭にきたようで、そんな頭にきているエゴを第二のエゴが嫌がっている」

こんな塩梅《あんばい》で、頻繁に言い換えをしてみてください。これだけでもエゴとの距離が開きます。このとき、「〜しちゃって」などのように「本意でない悪いことをしている」という表現を使わず、淡々と「エゴはこうしている」「エゴはこう反応している」と観察日記のように表現するのがコツです。

ですから言うまでもなく、エゴをどうか嫌わないでください。

エゴは嫌うことでコントロール不可能になるよう設定されています。

なぜなら、「嫌う」ことで「それがマジで自分の力ではどうにもならない！」という無力モードの認識へ自ら突入することになるからです。

そうではなく、自分がすべての王で、エゴに頼んで、ゲームを臨場感たっぷりに楽しませてもらっていたので、むしろエゴは自分が頼んだ通りに動いてくれている優秀なシステムということを思い出してください。

エゴを主語にすることで客観化を繰り返し、エゴが本当は自分に何も及ぼしてはこないことを理解してみましょう。

すると、面白いことに、エゴへの感情移入を楽しんでいる瞬間を自覚できたりもします。「これから一体どうなるのか、大変だぞ……」とエゴが騒いで自分も腕まくりをしようとしているときに「うわ、今、何だかんだ楽しんでる……！」と気がついたりします。「これはすごいストレスだ、勘弁してくれ……（ワクワク）」「まったく、わたしのことなめてるの!?（よっしゃ、やったる！）」と自分の態度の奥にあるものが分かるでしょう。

客観の仕方について、別の例としてテレビゲームを紹介しましょう。

テレビゲーム（コンピューターゲーム）の視野はざっくり2種類あります。

一つはFPP（First Person Perspective）と呼ばれるもので、**主人公の体の中に入ったかのようにゲームをプレイできる視野**です。シューティングゲームなどに多く、自分の顔や姿は見えず、銃を構えている自分の腕のみが見え、ゾンビがまるで自分本体に襲いかかってくるように見えるもの。

もう一つがTPP（Third Person Perspective）と呼ばれるもので、これは「スーパーマリオ」のように、マリオという**独立した主人公の全身の姿をプレイヤーが斜め後ろから眺めるようにプレイできる視野**です。敵が襲ってくるときも、自分（プレイヤー）とは距離があります。

前者では自分の姿が見えず、まるで自分が銃を構えて走り回っているように見えますが、これがエゴで起こる演出効果です。

しかし、それを後ろから眺めて感情移入していたのだと気がつくと、視点は後者に変わり、「自分はそれを眺める別の人」という安心感を持ってマリオ（エゴ）の行う失敗や成功を楽しむことができます。

ですから、エゴを感じない完璧な人になるよりも、エゴでパニクっても問題にしない人を目指しましょう。エゴでいくら落ちてもいいです。感情移入しているだけなので、あなたはパニクっても、落ちてもいません。それを知るだけで大丈夫と思えば、簡単だと思えるはずです。

よく、「エゴと自分を切り離すなんてことをしたら、感情を押し込めたり無視することにならないか心配」と思われる方がいらっしゃいます。

しかし、「自分がこの悪い思考の癖をやっている」というように、**よい悪いという判断が自分とつながっている状態で自分の感情を感じ切るのは困難です。**ますます自分が嫌いになってしまったり、「そう感じてはいけない！」と延々と葛藤するのがオチです。愛そうにも、受け入れようにも、手放そうにも、一人称で「わたしがやっている」という近すぎる臨場感と「にぎりしめ」の中では冷静に解決できません。

ですから、落ち着いて直視するためにも、どんな感情を抱いても自分の価値が下がるわけではないと知って、**三人称の立場から眺めるとき、逆にエゴの暴走自体も受け入れられます**。「エゴはそうなのね？　そりゃそうやって訓練されてきたんだから、そう思うのは自然だよね」と。

つまり、押さえ込みや感情の否定でないどころか、むしろ、落ち着いて眺め、そのありさまを把握・肯定することが可能です。

そしてエゴの、限られて偏った「自分の運営の仕方」を客観することで、新しい視座にまで自らを拡大できます。その広さには、今のエゴの狭さも包括されているので、今のエゴが取りこぼされるところや否定されるところはありません。

違うものになるのではなく、エゴすらもまるっと含む巨大な自分に戻り、完全に包括するのでしたね。

ポジティブ・ネガティブの二元論からの脱出

マイナスの冴えない態度の自分だったとしても価値が下がるわけではありませんが、逆に成功したり、社会的な意味で世の中で人から羨まれるようになったからといって、あるいは何かを我慢して努力したからといって、自分の価値がプラスになることもありません。社会的な意味でプラスになるとエゴでは思っていますし、ちょっといい気分になれたりもしますが、**「それがないといい気分になれない」という条件ありきになっている時点で、ゲームです。**

あなたはもともと価値がありますので、本当は必ずしもそのゲームに参戦しなくてもいいはずです（遊びで楽しんで参戦しているのならいいのですが）。

二元論のゲーム自体から自由になることで、ゲームのがんじがらめのルール、狭い選択肢からしか選べない視野そのものから脱出するイメージを持っておいてください。

そのためのコツとして、**ポジティブと自分の価値をつなげないでおく**ことをおすすめします。

ポジティブは一見非常に魅力的なので依存しがちですが、ポジティブだけを残してネガティブだけを排することはできません。**表裏一体**だからです。

ですので、ポジティブになろうとしなくてOKです。ネガティブを否定するのでなく、**ネガティブすらも肯定できることが、より本質的なポジティブ（包括）**です。ネガティブの対義語としてのポジティブではなく、両方を包括するポジティブを目指してみてください。全方位肯定の精神ですね。

これは、より柔軟になり、物事を捉える視野が広がるイメージです。有機的でオリジナルなあなたが、たかが二通りしかない選択肢のどちらかに落ち着くこと自体が、普通に考えてそもそもありえません。オリジナルではない、借り物の無機質な概念で区切ったり縛ったり、名前をつけたりすると、あなたの自由が不自然になってしまうのは明らかです。

選択肢や柔軟性の少ないエゴや観念の世界では、たとえば「緑」のように1色しか色数がないように見える事象でも、あなたの世界では「エメラルドグリーン」かもしれないですし「抹茶色」「モスグリーン」「ライムグリーン」かもしれません。

二元論はネガティブの割合を
常に奪い合うだけ。

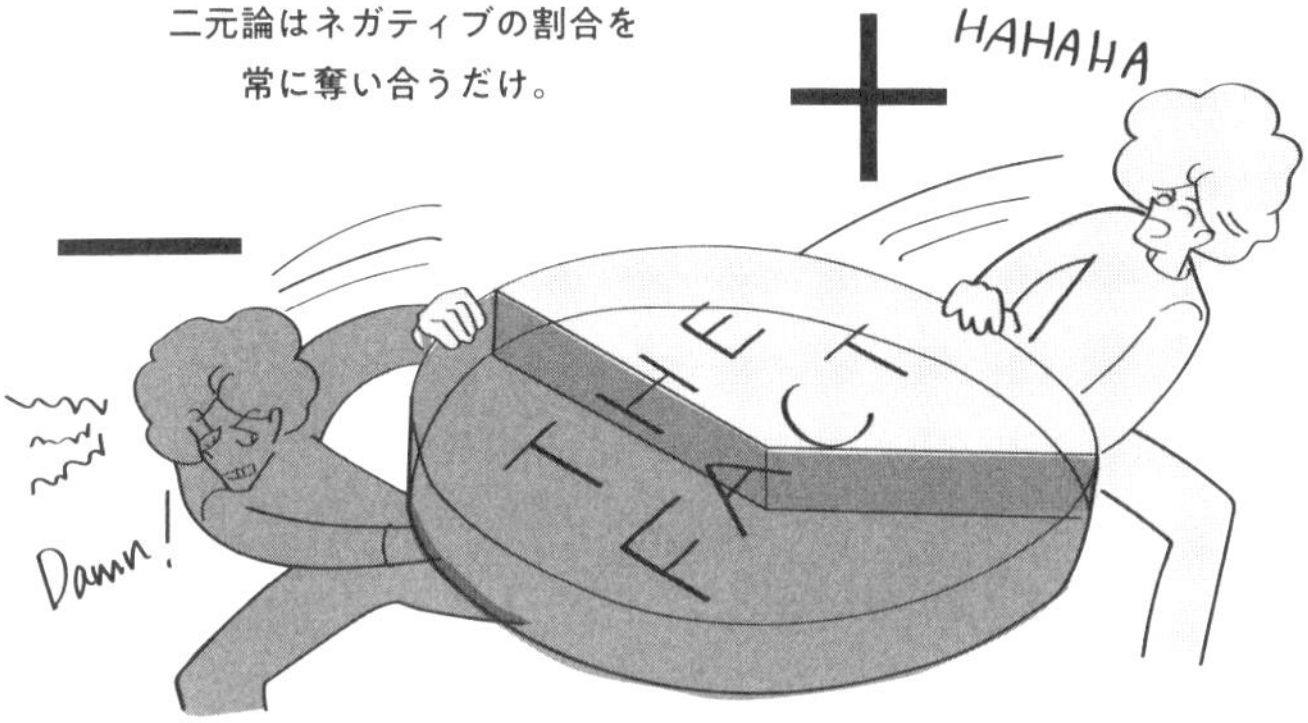

価値が絶対で、
二元論からは自由。
既存の意味に汚されない
個人のオリジナルの
事実があるだけ。

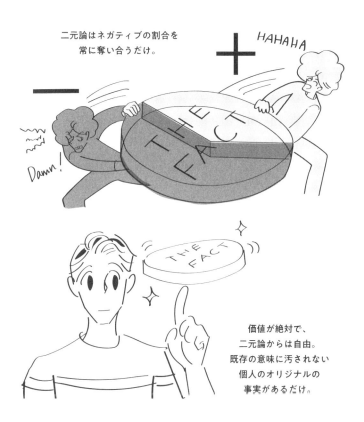

そういう、**オリジナルな彩りに満ちた人生をこそ大切にしてあげてください**。ポジティブ・ネガティブどちらも肯定してどちらも客観してみてください。赤や黄色などというように、はっきり区切れるものではなく、いろいろな複雑なものが入り混じったものが多いはずです。寂しさと喜びが入り混じっていたり、期待と混乱が入り混じっていたり。


合理的でなくともかまいません。

わざとまずいものを食べたい日もあります。

わざと不貞腐れたい日もあります。

わざと完璧さに泥を塗りたいような日もあります。

そういった**不可解さも森羅万象の情緒です**。そのときのオリジナルのエネルギーの綯《な》い交ぜ具合を、ありのまま「それはそれで美だ。味わいだ」と肯定してあげてください。肯定することからしか、始まりません。


自分は、自分にこそ認めてほしいのです。

今という一点に集中して、今を生きよう

というわけで、その有機的な毎日の連続となると、「今」というのが非常にオリジナルな瞬間であることが見えてきます。

同じ夕日は二度と見ることができないように、同じ瞬間は二度と訪れません。すべてが天文学的な確率でそこに起きています。机の配置や、風向き、置いてあるカップの中の液体の温度やカレンダーの曲がり具合、体調、マインド――それらすべてが天文学的な一期《いちご》一会《いちえ》の結晶です。

そして、**常に「今」しか、自分とのリアルな接点はありません。**

その自分との接点である「今の自分の感じ方」を肯定してあげると、「今、自分に許された」「今、自分に受け入れられた」「今、自分に愛された」という体感になりやすいです。「自分として生きている！」という実感の湧きやすいポイントでもあります。

「ただ森羅万象の一部として、今日、今、この瞬間を生きるだけでいいのだ」と思うことで、気持ちがすっと整う体験をわたしはよくしています。

義務がなく、自分のアイデンティティや自分の過去・未来、自分の価値や生産性なども関係なく、自分が何者かなどもない。ただただ、ばーんと森羅万象の一部として、森羅万象に促されるまま、今そこにいる。そして、今目の前のことにただ粛々と取り組めばいい。

もしそれをやるだけでいいなら、とてもシンプルだと思いませんか？

今を生きられないとしたら、それはエゴを使って頭の中でゲームにトリップしているだけであり、体はちゃんと今を生きています。ですから、ちょっと立ち止まって、自分の行っている作業の指先に集中したり、自分の足の裏や呼吸などに集中してみると、自分が今いる場所に戻ってこられます。

リラックスする実験として、傘を差したくらいの円を底面とする円筒の中心に自分が立っているのを想像してみてください。

「今からその円の中に入ってきたものだけを扱えばＯＫ」としてみます。**「今」という人**

1メートル1秒の範囲内。
傘を差したくらいの広さをイメージ。
この中だけをちゃんとやる。

生の範囲をそこに限定し、目一杯に体験することをやってみるわけです。

しかし、これはある意味で事実とあまり変わりがありません。**実はどうがんばっても、わたしたちは物理的にそれしかできないから**です。

1メートル先のことをここでやれませんし、未来のこともここではやれません。どうがいても、せいぜい、自分の半径1メートル、1秒の範囲くらいのことにしか触れられないし、できないのです。「次にあの人に電話して、次にメールをして……」などと考えているときも、時間的に水平方向へ出ていくことはできず、今、1秒の中に入ってきたタスクだけを落ち着いて扱うだけです。

膨大な時間の妄想が圧倒してきても「はいはい、エゴはそうなのね。でも本質はここにしかないんだよ」と教えていきましょう。

駅まで歩くときも、水平方向へ前のめりに駅を目指すのではなく、「とりあえずこの一歩が目的だ」というくらいの感覚で、その円の中の一歩一歩を歩きます。

部屋の隅っこにあるリモコンを取りに行くのも同じです。リモコンの位置を確認したあとは、円の中にリモコンが入ってくるまで、円の中を一歩一歩踏みしめることを目的としてそこまで行ってみてください。

そうやって、人生の具体の結晶である「今」を充足させていきます。**「今を、人生を、ちゃんと生きている！」という自負を少しでも感じる**ことができるはずです。これが多幸感に直結します。

「そんなのんびりやっていて大丈夫か」と思われるかもしれませんが、これはとてもよいリラックスになりますし、自分のペースを取り戻せます。「1メートル、1秒の範囲しか触れない」というのも、エゴが欲や目移りをギブアップせざるをえない事実でしょう。

また、意外なことに、この状態になると「時間は意外とある」という余裕が生まれてきます。そうなると時間のストレスから解放され、今目の前にあるタスクに取り組む集中力が上がり、高いパフォーマンスも発揮します。インスピレーションもキャッチしますから不思議です。

ようは、森羅万象が、「今」与えてくるプログラミングへの刺激に従っていれば、エゴであれこれがんばらなくても、そのときなりのベストが引き出されるということです。

苦しみや悲しみの元には「愛」がある

よく、「自分に責められて本当に苦しくて、一体何なんでしょう。どうしてこんなに自分に嫌われているんでしょう」という声を聞きます。けれど、それは愛されていないどころか「**がんがんに自分に愛されているからこそ苦しい**」のです。正確には「エゴに」ですが、愛されている証拠です。

エゴとて、あなたに幸せになってほしいのです。しかし、ちょっとその愛情表現が歪んでいるだけです。

教育ママやおせっかいおかんをイメージしてみてください。

そういう母親たちは、世間からいろいろな「幸せ」の形を探してきます。そして、「こうなるのがあんたの幸せなのよ！　やんなさい！」と押し付けてきます。その過程で、母親の幸せ像に逆らうような行動をしたときに「どうして逆らうのよ！　幸せになるにはこれやらなきゃいけないのに！」という理由で子どもを否定します。

あるいは、何かに挑戦して傷ついてしまう前に「傷ついたらかわいそう！　そんなの挑戦しない方がいいわよ！」とブレーキをかけたりします。

そう考えると、「そっか、大きなお世話だけど、愛してくれているんだな。この痛みはその愛ゆえの痛みなのか」と知ることができ、**痛みの毒性が消えて嫌悪感もなくなる**でしょう。

このタイプの「愛ゆえの毒消し」はいろいろなところで活用できます。

たとえば、何かに対して強烈な怒りを抱くときも、自分自身を含め、大切なものを否定されたり踏みにじられたりしたからこそ生じる怒りですし、愛するものを喪失すれば愛は悲しみに転じます。

寂しさも、やはり「世界とつながっていたい」「人が好きだ」という愛ゆえの痛みですし、罪悪感も誰かを傷つけたくなかったのに傷つけた、蔑ろにしてしまったという愛ゆえの葛藤ですから、**すべての苦しみや痛みは愛が形を変えた姿**です。

こうやって、源流には本当は何があるかを知るだけでも、自分が今感情移入しているエゴの思いに対する毒消しが行われ、それを嫌わず受け入れ、客観しやすくなることを思い出してみてください。

わたしはわたし、何者かになる必要はない

大抵の場合、**悩みというのは実は問題ではありません。**むしろ、アイデンティティを維持するための道具になりがちです。エゴなりの愛ですね。

エゴは「自分は何者かでいたい」と思っているため、たとえ悩みでも、自分を形容してくれるものは何でも握りしめて（？）くれます。「仕事のできないわたし」「人付き合いが苦手なわたし」「毒親のもとに生まれたわたし」「根暗なわたし」「嘘つきなわたし」「ずっと肥満で悩んでいるわたし」など、本当はどれも問題ではないのに、「あることで悩んでいる自分」というふうに**エゴがアイデンティティを維持するための道具として、問題を問題としてずっと握りしめている可能性がある**のです。

エゴはそれを捨てたがりません。捨てると自分でなくなってしまうと思っているからです。

しかし本当は、そんなにがんばって「自分は何者だ」ということを握りしめていなくても、あなたはちゃんとあなたです。あらゆる問題から独立した存在です。

ですから、エゴを客観してください。「**エゴは自分でいるためにそうしたいのね。でも別にがんばらなくてもわたしはちゃんと毎瞬、わたしだよ**」と事実を教えてあげてください。そうすると、これまでずっとぐるぐる同じ場所を回っていた自己認識のコマを一歩前に進めやすくなります。

アイデンティティ維持のためにその問題が問題だと本気で思っていたのが嘘だと気づくからです。

また、「古いわたしというもの以外、想像できない」と思っても、「今は具体的に新しいものが見えなくてもいい、とりあえず新しい何かが開けている」と心を開放しておくだけでも、気持ちに余白ができます。

窓の開いた風通しのいい部屋にいるイメージをしてください。

そこにいると他の選択肢も見えてきます。たとえ実際に窓の外に何があるかまだ分からからなくても、外に出たことがなくても、今狭い範囲で自分が行っているもの以外にも、遠くまで景色が広がっていることだけは分かります。そこへはいつでもアクセス可能であり、それだけで解放感と選択の余地が生まれて安心します。これは森羅万象思考にも通じるものがあります。「自分は個ではなく、全体である」という拡大のリラックスも、このイメージに近いです。

そうすると自分が自分でいること、つまり部屋の中にいることにすらも安心して向き合えるようになります。「ここしかない、自分の知っている自分はこれだけだ」という限定で心を閉ざすのではなく、「毎瞬どんな自分になってもいい。森羅万象のどんな可能性にアクセスしてもいい。どんな新しいわたしでもいい」と、可能性に向かって心を開く心地よさや自由を味わってみましょう。

人のためではなく、自分のために動き出そう

自発とは、自分らしい人生を生きる鍵です。

「自分から発せられる喜び」に目を向けてみましょう。

ランニングをするのでも、「1日5キロ走らないといけない」などとレンタルの価値観を使ったエゴを持って走るのと、音楽を聴き風を切りながら走るのとでは、まったくニュアンスが異なります。

5キロを何分で走るかなんてどうでもよく、あなたの体がその瞬間楽しく動けることが大切です。10メートル走って、やめてもいいです。いっさいジャッジしないでください。

外から見たらどう見えるかなとか、友達が見たらどう思うかなんて、すっかり放り投げてください。自発的な喜びに突き動かされてやったことを嬉しく感じてください。

料理を始めようと思って、1回作ってしばらくやらなくてもいいです。ジャッジしないでください。自分が自発的な自分の喜びを知ってさえいればいいのです。

外から見た自分がどういうふうに見えるかは無視してください。そんな自己像などは、妄想の中にしか存在しないからです（たとえ妄想の中のあなたがどんなに格好よかったとしても、それもあなたの妄想の中にしか存在しません）。

自分が自発でそのときやろうと思ったことを許してあげるということ、それほど尊いことはありません。それがどんなに格好悪いことや、世の中で損だと言われるようなことであってもです。

陰徳《いんとく》という概念があります。陰で行う徳、つまり「人の見ていないときに善行を行うと徳が積める」という意味ですが、これは**「自分が自発的にやりたいと思ったことを自分がやった」**というように、**「自分だけが知っている」**という点がハッピーポイントだと思います。

「人のため」という外向きの格好のためではなく、「目の前のゴミを片付けた方が自分が気持ちいいと感じるから」という自発的な理由でゴミを片付けたりすることで、**「自分の喜びのために」行動を行ったという贅沢な一瞬を自分が見ていて、それによって自らが満足する**のです。

誰に証明できなくてもいいですから、自分と自分だけの世界の、自分しか目撃しない自分との信頼のために、自発を大切に、動きたいという気持ちを尊重して行動してください。

そしてそれがどう見えるか、どういう結果になるかなどを気にしないで、目の前のことを楽しむ集中力を持ってください。

人生は、プロセスの面白みがすべてです。結果というのは概念上にしかない架空のもので、実際に体験できるのは、先ほどの「今」の話にもあった「1メートルと1秒のプロセスのみ」だからです。

プロセスの中での豊かさ、楽しさ、興奮、わくわくといったものこそが、リアルな、幸福の具体です。

変化し続けるのが人間であり、留まることはない

一貫性はなくても大丈夫です。

エゴは一貫性や固定を求めますが、自然は流動的なもので、わたしたちはむしろ常に変動しています。なので、「昨日あんなに気分が上がったのに今日は下がってしまった」などと、今ここにない時間（過去）と今を比べて、そのうえで「いい状態、悪い状態」などと判断しないでください。

全然、揺れ動いてOKです。

それは、あなたが揺れ動いているのではなく、エゴへの感情移入の程度の変動にすぎません。揺れ動くのも楽しんでいるので、「完璧な自分がこの揺れすらも楽しんでいる」と落ち着いてありのままを受け入れてあげてください。

車に乗っていて、「揺れる！　なんで振動するんだろう！」などと誰も騒ぎません。「揺れて当然、ノーマルな状態」と捉えているからです。それと同じくらいに捉えておくことで、まずは**エゴの完璧主義から脱する柔軟な視点を養いましょう。**

また、上がれば下がることもあります。

この場合「振り出しに戻った」ように見えても、厳密には「次のステップの始まりに到達した状態」です。

たとえば、武道では同じ技を何十年とやりますが、どんなに同じように見えるものでも、捉え方の解像度が変わってくると、その奥深さや面白みが見えてくると言います。

同じように「相変わらずの古い問題に今も直面している」と見えるものでも、それは、

成長したあなたにもたらされた、また別の新しいものです。

意識が進むと、逆にしんどいことが増えることがありますが、それはいずれどこかで消化しなければいけないものを「今の段階まで成長した自分ならもう消化できるな！」と自分が見極めて課題を出してきているということです。そういうときは腹を括《くく》って、「そっか、成長した今の自分なら分かる。古いエゴはそうだったね」と見つめて、消化し、流していきましょう。

たとえそのときうまくできなくても、また他のトピックでエゴとの同化解除をしてさまざまなわだかまりを消化して成長していくと、そのトピックも余裕で扱えるときが必ず来ますので、安心してください。

さらに言うと、「よーし、完璧にやれた！　マスターした！」と思ったものでも、さらに視点が柔軟になって解像度が上がると、その何倍も深い理解に辿りつき「前にマスターしたと思ったのは全然まだまだだったんだなぁ……！」とびっくりすることが繰り返されていきます。

これは**人間として生きる限り続く、とても面白い発見の旅**です。
一生、そのときどきの段階で楽しんでいけばいいので、その日その日の自分の歩みを、マイペースに楽しんでいきましょう。

楽に生きても「楽ではない」と感じたときは？

もし「楽に生きる」を実践していて、「楽しくない」「楽でない」と感じるのなら、それは「楽に生きる」を逆走中かもしれません。

「楽に生きる」が新しいエゴ、つまりアイデンティティ化して、だんだんと強制になってくることがあると前に触れました。「なんで楽に生きることがうまくできないんだ！」と自分を責めるような修行モードに入ってしまっていないか確認してみてください。

その傾向に気づいたら**「楽に生きることすらどうでもいい！」とひと言告げてあげてください**。興味を失ってみることによる執着の解除です。これが、森羅万象の行使に、独りよがりなエゴが入り込んでいるとき、バランスを戻すいい方法です。

事実、あなたの価値に比べたら、本当にどうでもいいのです！ 何にも固執しない姿勢をとってみましょう。森羅万象のあなたは「楽に生きる」ことすらも凌駕《りょうが》しているからです。何を実現しようがしまいが、**あなたは森羅万象の願いを叶えてそこにいますし、同時にゲームの主であり、すでに「楽」な存在です。**

その存在がさまざまな演出や洗脳を工夫して「わざと楽に生きられない状態を味わっている」だけなので、血眼になって「楽に生きる」をやらなくてもいいのです。

この前提を知ることで、「何かを探し求める」のではなく、**「もうすでにそれであることを知っていく旅」**だという認識に戻すことができます。

このリラックス感になっていくうちに、「楽に生きる」ということを「楽になる！」「楽になってやる！」という力んだニュアンスで意識することを忘れていくかもしれません。忘れてOKです！

代わりに、「楽だった」「楽でよかったんだ」と、どんどんエゴを客観視し、柔軟に自身の人生を楽しんで、自分と出会い直してください。自己理解の程度もどんどん深まっていきます。

同時に、自己理解が進むからこそ、自己像の手放しも進み、「手放していても十分に自分というものを運転できる」と信頼が増してきます。そして、森羅万象の望む在り方、つまり自発に従えばいいというリラックスを体験できるはずです。

第6章

わたしを見つけて 人生をクリエイティブに！

最後の第6章では、エゴと自分の同化解除・包括を行い、自分と自分の関係を整えていった結果、**どのような生き方になっていくか、また、どのようにクリエイティブに楽しんでいけばいいか、**そのビジョンについて触れてみたいと思います。

これまでみなさんは、自分のエゴを自分だと思い込んできたわけですし、その「自分」というものが自分の思っていたものと違うとなると、いろいろなことが変わってくるわけですから、混乱も生じるでしょう。しかし、安心してください。自己認識が変わったからといって、あなたが消えてしまうことはありません。エゴのレンタルの価値観を客観するようになると、自然と視野が広くなり楽に生きるだけでなく、楽しく生きるための工夫を楽しむようになります。

たとえばこれまでは「嫌なことに耐えてがんばっていることで自分は価値ある存在でいられる」と受動的に思っていたところが、それはエゴの考え方だったと気がつくと、自分と自分の関係が整ってきます。

すると「あれ？　別にわざわざ嫌なことをしてがんばらなくてもいいんじゃないか？　**そんなことで自分の価値を維持しようとしなくたって大丈夫じゃないか？」**と自発的に気

がついてきます。**「自分の一番欲しいもの」をまず手に入れている余裕があるとき、遠回りして自己肯定を求めなくてもいいですし、他者からの肯定を求めなくていい・無理をしたりしなくていいと自発的に理解ができるからです。**

「自分は本当はどう生きたいのだろう？　社会通念からの逆算ではない捉え方をしてみよう」というように、これまで頑なに自分の言動を見張っていたレンタルの価値観の介入を見破り、必然的に感覚的な自分の本心や快に注意を払ってみようとする余地や、それに向かって心を開く感性が生まれます。

これが、**オーダーメイドの生き方**の始まりです。

限定された考え方をしないため、一般的な視点とは着目点が変わり発想が自由になり、より自らの人生を面白がるよう工夫するので、狙わなくても効率的にもなります。クリエイティブになっていくと言ってもいいですね。

プロダクトデザインの領域では、目的を叶えることができるのなら、プロダクトの形はあとから決まります。たとえば、傘立ては「傘を立てる」と既存の形で考えがちですが、

「水が落ちて、傘が倒れず、人体の構造上使いやすく、周囲が水浸しにならない」などの要素を叶えれば、必ずしも従来の傘立ての形でなくてもいい。その形状は誰がどんな新しい画期的な形を生み出してもいいのですよね。

これと同じで、今まで「結果の形」ばかりを求めていたエゴから自由になって考えてみたとき、当然「得たいものの再確認」や「自分の心地よさのために何をしたいかの見直し」などが起こります。

ここからは、そういったさまざまな新しい視野の扱い方において、押さえておきたいポイントを、クリエイティブ、自発、自分軸、今などをテーマに挙げていきたいと思います。

二元論の罠をクリエイティブに脱出する

第5章でポジティブ・ネガティブの二元論に触れましたが、実は二元論はいろいろなところに溢《あふ》れており、**自らの言動やアイデンティティを強烈に制限するもの**です。ようは、本来は無限に色数があるはずなのに「赤か緑、どっちですか?」という質問の仕方しかできないという状態です。

なので、自分のエゴがこれまで当然のように信じ込んでいた二元論（二択）に気がつくと「これもか……！」とかなり驚くはずです。ポジティブ・ネガティブを皮切りに、ジャンルを飛び越え、**その二元論脱出をクリエイティブに楽しんで、より自由になってみましょう。**

たとえば、「我慢↔自己中」の二元論で言えば、これはただのエゴの固定的・限定的な思い込みです（その方のエゴの積んできた価値観によっても違いますね）。「そうか、たしかに我慢をしないことが、必ずしも自己中とは限らないじゃないか」と、その事実に気づいてください。

「自分が苦労することで人に楽させてあげられる」なども二元論の罠です。こういった二元論の思考を「**さもないと思考**」としてみましょう。

常に何かが人質にされています。「人質のために5000万円払うか、さもないと殺す！」のような狭い二択であり、どっちも選べるという選択肢はなく「人質」か「身代金」のどちらかを諦めなくてはいけません。そこには「犯人が宝くじに当たり、身代金が要らなくなる」や「犯人が5000万円を入用とした出来事が解決されてしまう」「人質が勝手に一人で逃げて帰ってくる」などの柔軟な解決法は含まれていません。

でも、「身代金を払わずに済んで、人質も安全に帰ってくる」ことが果たされるのであれば、どんな道を通ってもいいわけですよね。「本当に欲しいものを得るための可能性」を見つめ直していい。

しかしこの場合、一般的な正義論で「犯人をぶちのめす」ことにばかり執着が向いていると、本当の自分の望みとずれてしまいがちです。

人生の中の項目で具体的に言うのなら、たとえば子ども時代に自分が感じた劣等感を払拭するためにどうしてもやり通さなければいけないと執着していることがあったり、親や先輩などに散々言われてきたことをなんとか遵守しようとしていたり、自分の価値を低く見積もった人の鼻をあかしてやろうと思っている場合などがあります。

そういう、**他人軸的な遠回り**をやろうとしていることに気がついたら「あれ、執着に任せて遠回りしていないか？」と問いかけてみてください。「**なーんだ、過去の自分のエゴを癒したり、エゴを満足させるために、今、不自由をしなくていいんだ**」と気づき直せます。

そして、「**本当に自分が何を望んでいるか**」と問いかけてください。すぐに答えが出なくても、問いかけてみる機会を持つだけで「たしかに。自分は一体どう思っているんだろう?」「どうなったら体感的には最高?」ということを、探ってみようとする癖がつきますので、よりオーダーメイドな道をチョイスできるという柔軟性や自分への許可が無意識に育ちます。

この問いかけをするときは、**体感に問いかけてみる**ことをおすすめします。

頭は基本的に観念上のことや一般論を引っ張り出してきて、いかにもそれが「自分の望み」のように見せてきますが、それらのスタンスやり方(例:王道のやり方、人と競争しないといけないなど)を想像するだけで、ずーんと気持ちが重くなることがあると思います。

それはあなたにとっては「違う」サインです。たとえば「自分のビジネスはやりたいけどSNSはやりたくない……」と感じている場合は、SNSという項目に縛られて自分が動き出せないという「SNSをやるか、ビジネスごとあきらめるか」の究極の二択の状態です。そこから自由になってみましょう。視野を広げればいくらでも違う方法はあります。あなたにとってすんなり心地よい感覚、「やりたい」と自発的に自分の心が沸き立つ、動く、感覚が軽くなる、安心する、などを基準に選んでください。

逆を言うと、王道や人と争うことが楽しくて、しっくりくる方もいらっしゃるでしょう。このように、落ち着いて比べてみたときに、「やっぱり一般的なやり方やエゴ全開のやり方に心惹《こころひ》かれる」と再発見することもまた、等しく一つのオリジナリティです。あなたがあなたの感性の中で、それがいいと思ったのですから、存分に面白がってみてください。森羅万象にもそれを許されています。そこでまた何か発見があるでしょう。

具体的な望みがまだ分からないときは、既存のものを経験し、自分流にしたいところを自分流にしてみてください。たとえば、SNSをやる中で、王道の発信方法でなくとも、自分にしっくりくる発信の方法を作り出してもいいはずです。構造だけ利用して、その中身は自由に、好き放題アレンジしてください。喋ることが苦手な人でも、ASMRという音だけで人を喜ばせる分野があるくらいですから、いくらでもオーダーメイドを楽しむ工夫ができます。

バンドミュージシャンも、好きなバンドをコピーしていくうちに、オリジナル要素を加えてみたい部分を見つけていき、そのうち完全にオリジナルになるわけですし、これと同じように**自分のオリジナルの望みに従ってアレンジしていくだけでも、そこにはすでにあなたによる翻訳作業が行われており、オリジナルになっている**のです。

オリジナルな視野からチョイスされたものは、自分にとって無理がないですし、自分を非常に喜ばせます。

わたしらしいオリジナルな「自分軸」を作る

自分軸は、自分なりの自分軸でないと自分軸ではありません。正解もありません。**あなたらしいマイペースな自分軸でいい**のです。

「自分軸」と言うと「他人軸」と比較しがちですが、これも二元論のいい例です。「自分軸」＝「他人に振り回されない！」といった他人を敵視するような定義にすると、戦々恐々としてしまいますし、「自分軸でいられるかどうか」がエゴの関心事になって自分を見張ってしまいます。

しかし、「自分軸」というのは、自分と他の関係の在り方を整理するものに見えながら、実はもっと、**自分と自分の関係に関わるもの**なのではないでしょうか。

「他人の嫌な提案にノーと言えるようになる」ことや「はっきりと他人に意見を言えるようになる」などの「自分軸のできている人像」というのも、結局は、一般的なイメージにすぎませんので、あなたのオリジナルなものではありません。それを自分よりも優先してしまっている時点で、「他人軸」です。

「ほら！　自分軸になれてない！　ダメじゃん！」とエゴが言ってきたとき、「それこそ他人軸だ」と思ってみてください。

本当の自分軸は、理不尽なダメ出しをしません。**どんなときも自分の味方**です。

自分軸とは、「自分に理不尽なダメ出しをされないで自分が安心して自分でいていい権利」だからです。

つまり、**他人に対してではなく、「自分」に対してこそ表明する態度**なのです。あなたが自分の真ん中の席に遠慮せずにどーんといていい。

実際、自分の中にありながら、エゴにダメ出しをされ、自分が、自分のつま先のあたりの補助席に追いやられ、遠慮がちにチョンと座っていないでしょうか？　そういうときは、他人軸のエゴが自分の体のど真ん中の席を陣取っていますから、他の人の言うことがグサッと刺さって自分を振り回したりするものです。

しかし、それは「あなたが他人によって傷つけられている」のではなく、『**あなたが、偉大な力を発揮して他人の言い分を優先するエゴに主導権を譲るアクションを自発的に起こしている**』ということであり、どんなに望まない態度であっても、あくまでも自主的に行っていると知ること、ようは**主権が発揮されていないように見えるときでも、いつでも自分の偉大な主権が発揮されている**ことを知る必要があります。神がその非凡さを使って、凡を作っているからですね。

ですから、他人を恨むのではなく、「うわ、こんなことに遠慮する、みたいなエゴの視点に感情移入しているのか！　すごい巧みだな！」と自分の才能をまず褒めてください。

そして、エゴの雇い主として、「ああ、エゴはその自分の選んだことを忠実に守ってきただけなんだね」と冷静に眺め、ひょいっとエゴを抱き上げて隣の席に座らせ、自分がその真ん中の席に座ってください。

そこに座ると「**今この瞬間、自分として堂々と生きていい。その権利がある。自分が自分の味方で、自分の人生をありのままの自分で生きていいんだ**」という解放感と気づきを体感します。踊り出したくなるような自由を感じる方もいらっしゃるかもしれません。

気楽に扱ってください。「脱エゴ」「楽に生きる」すら才能のある自分が始めた遊びなのです。

もし今、エゴに理不尽なダメ出しをされるのが怖いという気持ちの方が強く、自分を肯定できないとしたら、「そうか、苦しいということは、自分じゃないものを強く信じて楽しんでいるんだな。本来はこんなに苦しくなくていいんだ」ということを希望として抱いてみてください。

自分の体が最初から重くておかしいのではなく、荷物を背負っているだけで、いくらでも変化の余地はありますから、安心してください。すぐにはできなくても、心の隅にこの視点を養っておくことで、**タイミングが満ちたとき、面白がれると、重かったエゴも子猫のようにひょいと持ち上げられる自分に気がつく**でしょう。

「今、もうこの項目では自分軸になれる」というふうに、仕事、家族関係など、ジャンルごとにその範囲を広げていってみるのも楽しいものです。一つのジャンルで「自分なりの自分軸」をやれる体験をすると、それを他のジャンルにも応用し押し広げていくことができます。

自分らしく発展させるのが真の軌道修正

「自分に優しくして、自分と自分の関係を整えたら、今の状況がよくなるでしょうか？願いが叶うでしょうか？」という質問をよくいただきます。

わたしは「そのエゴの願いが叶うかはわかりませんが、**少なくとももっと自分らしいと思える別の方向性に発展します**」という旨の答えをします。そもそも「今のエゴ」が抱いている望み自体が、本当に欲しいものでない可能性もあり、その欲しくないものの成否に拘泥して消耗してしまうより、根本整理をした方がいい場合もあるからです。

その「今、自分のエゴが求めていることが達成されればいい」という視野自体からも自由になってみてください。

発展の形はさまざまです。物事や状況が変わることをはじめ、視野や生き方、価値観、願望が変わることなど……**芋蔓《いもづる》式の巨大な軌道修正**と言ってもいいです。

まず、自分を整えると「どんな自分でもいい」と肯定されますので、状況の良し悪しが自分の価値とは連動しなくなりますから、状況がどうであるかがあまり気にならなくなります。

すると、本当に自分が欲しいものが分かってきます。それは、「状況がよくなる」ということではなく、もっと別のことかもしれませんし、自分のエゴが子どもの頃から握りしめていた本音に気づいて、そこから脱出することかもしれません。

いずれにせよ、**今のエゴが求めていたことよりも深度を高め、自分の望みや今起きているエラーの本質を理解するようになります。**

すると次に、エゴの求めていた望みなどは、とても視野の狭いところから消去法で作り上げられた望みだったり、あらゆる制限を加味して何となく実現できそうなものをおざなりに望んできたものにすぎなかったと気がついたりします。先ほどの「人質と身代金の話」と同じですね。

狭い発想しかできないとき、願望すら狭い限定されたものになる傾向があります。ずっと「嫌だ、嫌だ」と思ってきたものも、視点が広がると嫌ではなくなったり、むしろそのよささえ見えてきたりもします。

これに気がついたとき、あなたの視野はもう広いので、**「なんだ、そんな小さな望み持たなくてもいいじゃないか」と思うようになります。**「所詮今のエゴが望んでいる範囲のことなんて、たかが知れている。もっと柔軟になってみよう。もっといろいろな可能性にオープンになってみよう」というふうに心が開けます。

すると、これまで見えなかった選択肢や、自分の持っていたものに気がつきます。そして、**格段に広い視野で、息が吸いやすくなるのを感じる**はずです。

これこそ、広い視野で先入観をリセットして「問題解決」や「今欲しいものを手に入れる」をも凌駕して、オリジナルの生き方になっていく、**本当の自発的軌道修正**です。

正解を求めるのでなく、自由にトライしよう

自分軸で自分の心に従った場合、一見失敗に見える結果でも、それは最善の失敗であり、必ず発見が伴っています。

なので、**自分軸になることの怖さ、つまり自分で独立・選択して失敗することへの恐怖などのせいで萎縮せず、どんどん失敗してほしい**のです。そもそも、なんでもできる神が失敗を楽しんでいるだけなので、あなたの価値は無傷です。出来事は、楽しみではあっても、巨大で偉大なあなたの価値判断の根拠にはなりえません。

そうやって「訳あって体験している芸術的な失敗」なわけですから、「最悪な体験」と切り捨ててしまわない限り、心理的発見、エゴの傾向の発見、あるいはちょっとした知識や出会いなど、さまざまなものを「発見」することができます。どんな発見でも貴重です。中立な立場で面白がって、サイエンティスト的にその発見を眺めてください。眼鏡をかけ、ふむふむと興味を持ってデータを採集する感じです。

たとえば、どっぷりネガティブにひたりたいときは「エゴがネガティブになりたいということを発見した」という、非常にフラットな他者の視点で眺めることができます。ネガティブになることが自分の価値とは関係がなく、落ち着いている眺め方です。

エジソンは、700回実験を失敗して、「うまくいかない方法を700通り発見した」と発言したことで有名ですが、この話ほど「発見」という言葉の中立性を味わえるものはありません。これは**ポジティブ神話ではなく、事実**です。

これをポジティブ神話に翻訳してしまうと、「エジソンは700回分の痛みや拒絶のドラマを制している超絶ポジティブ人間」に仕立て上げられ、凡人には到達できない域に見えてしまいます。

でも、エジソンは単純に中立なサイエンティストだったのではないでしょうか。「結果は結果、どれもそれで十分価値がある」というふうに。

やってみよう、という自発的な行動ありきで結果がありますから、**どの結果も神としての自分、または森羅万象の自発の産物であり、尊いもの**なのですよね。

わたしたちは遊びたい神ですから、欲しいものをパッと目の前に現すためだけにいるのではありません。**試行錯誤、工夫するプロセスの中で体験するいろいろなものを自作自演で面白がるために人生を生きています。**

時々、「だいぶエゴと自分を別に見ることができるようになって、とても楽になったのはいいのですが、なんだか物足りなく感じるようになってきました」という声を聞きます。これはエゴ流の「面白さ」が減ってきたということです。

なので、今度は**自分を客観的に面白がる自分流の面白みの方に楽しみ方をシフトチェンジしてみる**と、まったく違う風味の味わいを楽しめるはずです。

加えて、悩んだり怒ったり、ジェットコースターのような気持ちを体験することが実は面白かったのだと、自分の**猛者《もさ》的視点**に気がついてください。自分が「遊びたい神」だということの何よりの証拠ですね。これを知っておくだけで、またその気持ちが現れたときに「これこれ、これを楽しみたかったんだよな！」と思うようになり、小さい個として感じることも客観視でき、怖くなくなります。

むしろ、いくらでも感じていいことになりますので、今までよりもさらに手放しで怖いもの知らずの目線で楽しめるかもしれません。

そして、その怖いもの知らずの目線になったところで、ぜひ、自分がやってみたい、楽しそうと思うものに挑戦してください。

無敵になって行うべきことは、自分の生きたい方向へ飛翔し、進むことです。生きたい方向へ進みながら出てくる課題をこなしていくのは、嫌なものをどう消化するかという低空飛行よりよっぽどエキサイティングですし、実りも多い旅になるでしょう。

その新しい勇気を持ってみてください。もう無敵なのですから、物足りないはずはないのです。

もちろん依然として、エゴでは傷つくこともあるでしょう。でも「**エゴは傷つくけど自分の価値は傷つかない**」と知って、自分の人生に取り組むことで、人生はクリエイティブに開けていきます。

自分像がなくなって初めて新しい自分が始まる

クリエイティブに自らの人生を生きることには、言うまでもなく「発想の転換」が伴います。その中には**「アイデンティティ維持」の認識自体を転換してしまう**ことも含まれています。

「エゴを、これはエゴ、これはエゴと一つ一つ確認していくと、もうぜーんぶエゴじゃないですか！　ということは、一体わたしってどうなっちゃうの？　本当のわたしってどこにいるの？　分からなくなっちゃいました」

そう考える方も出てくるかもしれませんが、**ぜーんぶエゴでOKです！**

そして、「あれ……、これまで自分の思ってきたような自分像ってないのでは!?」という体験ができるはずです。

それでバッチリです。**そこから初めて、新しい自分が始まります**。自分が、小さい範囲であくせく一喜一憂していた「個（エゴ）」ではなく、それを楽しんでいる神、森羅万象だったと気がつくということです。

これまで背負ってきた巨大なキャラ設定のストーリーや情報量のすべてが「純粋な今この瞬間の自分ではない」と分かることで起こるのは、情報の精査とシンプル化です。

今という唯一無二の時間に存在する不要な情報を背負わなくなり、**ただ純粋な、「今という瞬間の体験の主体」になること。**

「個」よりも拡大した楽な視点は、実は「個人のための楽な視点」に還元するためのものではありません。あなたは「個として幸せになるため」にこの本を手に取られたかもしれませんが、「個として幸せになる」という範囲の小規模な願いすらもいつのまにか凌駕し、さらに解放された、価値判断の絡まない自由な視点で、自分の人生体験自体を肯定し、心底面白がること。これが実は真の目的です。ですから、わたしたちは、**ただ今を生きて、毎瞬を目一杯体験する存在でいい**のです。

ちなみに、この空っぽになり、ただ純粋に今を目一杯体験する主体になることでこそ、過去のストーリーとアイデンティティの同化が薄れ、切り替えも早くなります。

エゴはこれまで、一貫性やキャラクターとしてのストーリーをとても大切にしてきたので、その切り替えが難しいようにできています。それが、過去のストーリーという壮大なものでなく、日常の小さい一貫性であっても同じです。

たとえば、朝からイライラしているのであれば、今も当然イライラしているというようにに一貫性を持とうとします。でも、「あ、そうだ。今から新しいんだ」と、**今この瞬間を境に急に感じ方が変わってもいい**わけです。やはり、唯一体験可能な時間である「今」以外の時間は妄想の中にしか存在しません。


特に「今朝からの自分の気分」など、探し回ってもエゴの中にしか存在しないのですよね。これは「切り替え」とよく世間で言われるものよりも、もっと自由です。

一般的な「切り替え」は「仕方ない、切り替えていこう」という、これまでの内容を踏まえたうえでの切り替えですが、「そうか、一貫性というのは自分の妄想の中にしか存在しないのか」という認識になってくると話はもっと飛躍的でダイナミックになっていきます。

「**じゃあ、次の瞬間、自分がまったく違う人でもいいんだな。毎瞬生まれ変わってもいいんだ**」と本気で思える瞬間が来ます。

そうです！

この、毎瞬生まれ変わっていいという感覚は、「自分が違うバージョンの個に変わる」という、隣の席にちょんと座るような微々たる変化ではなく「個という狭い範囲にとらわれて、そこでこちょこちょいろいろ変更を加えていくことが自分の幸福だ、という視座自体から自由になる」イメージをしてみてください。

「うわ、自分は個人のストーリーを引き継いでいってうまくやるという、緊張自体から自由なのか！」という視点です。自分の価値が本気で天秤にかけられているゲーム会場にはいないという安心感。ストーリーを必要以上に背負いすぎない、本当の「新しさ」です。

この新しさを朝に感じてくださってもいいです。

「朝起きるとき、本当に嫌な気分で一日がスタートするんです」と言う方が多いですが、それは、昨日からの余計な情報をあえて意図的に背負い直しているからに他なりません。

「嫌な仕事をしている自分なら、いつでも『嫌な仕事をしている自分』として生きなければいけない」とか、「誰かと結婚する予定の自分」なら、「もう結婚して自由が奪われたように振る舞わなければいけない」等々……。

しかし、個人の人生レベルで言っても、昨日と今日では別人です。昨日からの何かを無理やり思い出し、それをまた背負い直した自分というアイデンティティで今日を生きなければいけないとエゴが思っていたら、「こういうのもアイデンティティとしてわざと楽しんでいるんだな。面白いな〜。これを楽しんでもいいし、今からまったく好きに感じてもいいし、どっちも面白い」とネガティブ・ポジティブのどちらにも肩入れしない「超越」と「自由」を体験してみてください。

「よいこと」も必要以上に引きずらないでください。昨日楽しかったことが楽しくないと感じてもいいのです。

それより**新しい自分として今日の情緒をどう感じて楽しむか**。その日の自然を大切にしてください。今日には今日のインスピレーションが、今日には今日のよいことがあります。もしたとえ同じ日常に見えたとしても、「今日初めて体験する」ようにそれを体験してもいいわけです。

できるだけ、毎瞬をエンターテインメントとしてフレッシュに体験してみてください。

とにかく、真新しい「今」が常に毎瞬始まっていて、そこに過去のものはないということを思い出してみましょう。

これをやっていくと、過去の栄光にすがるということが一切できなくなります。しかし、過去の栄光で作り上げられる自分像よりも、**今日のフレッシュで、最も旬な自分でいることの方が、何倍もリアルで価値がある**のです。すべての可能性が存在するのは、今だけだからです。

オリジナルの興味は感覚を頼りに掘り当てる

自発は、森羅万象のプログラミングですから、人生をありのままのあなたらしく機能させるために導いてくれます。

自発とは、喉が渇いたりお腹が空いたとき、自ら何かを自然に求めにいくようなものです。逆に自発が生じないものは、食欲もないのに無理やり食べようとするのに似ていて、やっても何の楽しみも感じないどころか、逆に具合が悪くなってきます。

にもかかわらず、わたしたちは欲しくもない何かを無理やり求めることが、かなりあります。あまり興味がないのに結婚したいと思っていたり、さほど興味もないのにお金を稼ぎたいと思っていたり、興味もないのに出世しようと思っていたり。

それは喉が渇いていないのに水を無理やりがぶ飲みしようとしている状態ですから、うまくいかない・楽しくないのは当たり前です。せっかく遊ぶなら、自分の森羅万象が提供してくれているオーダーメイドの感覚にアクセスしましょう。

なので、**「一体自分の森羅万象は何に興味を持っているのか」**を気楽に問いかけてみてください。「絶対に見つけるんだ〜！」というやり方は、森羅万象から離れてエゴに縮小していますから、力みは不要です。

それに、そもそも自分が一体何に興味があるかを知るのは、残念ながらエゴでは難しいものです。エゴは山ほどいろいろなレンタルの価値観をちらつかせてきて「これが欲しいんじゃない？」と狭い選択肢の中で目移りさせてくるからです。自分が遊んでいる主だということを忘れさせ、迷わせ、マジにさせ、緊張させるのがエゴの仕事だからです。

「じゃあどうすればいいんだ！」という問いへの回答は、**「感覚（森羅万象の促し）に従**

って行動してみる」です。

わたしたちは**森羅万象から提供されているシグナルを、「自分の欲しい感覚」として、常に何かに翻訳しています。**

「太陽を浴びて体をのびのびさせて水に触れたりしたいな〜」と思うと「海に行きたい（手段）」と言ったりするわけですから、**感覚の方がよほど望みの本質**であり、手段は想像以上に何でもいいのですね。森羅万象の望みは自分の望みなので、個も必ずこれで満足します。

しかし、手段の方から先に決めてしまうと、実際やってみても「やりたいことと違ったなあ」と感じることが多いです。第4章のデザイナーになりたい人の例と同じですね。

違ってもいいので、とりあえずやってみてください。その代わり、違うと感じたのなら、どこが違うのか、どんなエゴがそこにいるのか、どうだったらもっと自分の自発の感覚、森羅万象の促し感覚に近いのかを眺め直して軌道修正をしていきましょう。

エゴを見つけても、「エゴはそう思ったのか」と軽く流し、「どう感じる自由もある。エゴというより、感覚ではどうだろう？」と、一度エゴの視点をリセットして見つめ直してみます。エゴのちゃちゃが入らなければ意外と悪くないと気づく場合もあります。

何をうまくやるかよりも、自らの視点や視座もあれこれ変えながら、自発の金脈を掘り当てることを楽しんでみてください。これも、自分の価値を左右する緊張を伴うものではなく、お気楽なゲームとしてです。本当は自分が全部答えを知っているのに、知らないふりをして遊んでいるだけだからです。仕事、趣味、人間関係、環境、ライフスタイル、ファッションなど、いろいろな領域でトライしてみてください。

試すことは恥ずかしいことではありません。「研究中」という札をさげておけばいいのです。**失敗して騒ぐものや傷つくものがいても、それはゲームを本気にして、自分の価値とつなげて考えているエゴにすぎません。**

ようやく見つけた楽しめるものが、「それが一体何の役に立つのか」というようなものでもかまいません。

あなたの喜びの役に立ちます。

思い出してください。**あなたはあなたのために生きているのですよね**。ですから、社会の意味に汚されないように気をつけ、オリジナルの喜びにこそ注目してください。

その注目自体があなたの人生の目的です。ミケランジェロが、完璧な天使の像を作り出すことを「岩の中に埋まっている天使を彫り出して自由にさせてあげただけだ」と言ったという話がありますが、この「研究中」はまさにそれに近いです。

たとえミケランジェロのように一発ですぐ彫り出せなかったとしても、あなたは確実に、あなたという岩の中に眠っているあなたの自発を自由にさせてあげることに力を注ぐわけですから、いくら時間をかけても、失敗しても、損のない研究です。

むしろ、その日の自分は毎日違いますので、毎日研究を楽しみましょう。自分は自分にしっかり注目されているだけで満たされてきます。その日の自分の岩に、ゆっくり石ノミを打ち鳴らし、自らの反響音を聞いてあげてください。自分が知っている答えを自分で隠し、自分で見つけていくゲームです。

違和感があれば立ち止まり、柔軟に修正します。無理やり探すというよりも「自然な、今日の自分にしっくりくる方向に向かってみよう～」といった、「今日のお昼は何食べようかな」くらいの気楽さで、その日の自分にとって「これは何だかいい」「これは何か違う」を感覚的に精査してもらえればと思います。

人生とは体験可能な「プロセス」を生きること

最後に、広い意味でバランスを取ることも忘れないでください。

「よーし、オリジナルの生き方をするぞ！　自分のオリジナルの快や自発を見つけるぞ！」と張り切ってがんばりすぎたり、マジになりすぎて苦しくなる可能性があることも知っておいてください。広い視野になったはずが狭い視野に戻ってくる、という状態です。これは普通のことですので、「これは想定内」と安心して大丈夫です。

そして、いくら自分軸のためとはいえ、がんばりすぎや「自分の価値を向上しないと！」という運動神経が盛んになっている傾向に気がついたら、「エゴは結果を出すことにマジになっているね。**もともとすでに価値のある存在だということを忘れて、遊びを楽しんでいるんだね**」とエゴの遊びを認め、中立に戻ります。

そうやって、バランスを取ることにおいて手助けになってくれるのが、今という時間に注目を戻してくれる、「**プロセスを楽しむ**」という視点です。

クリエイティブに楽しく生きることすらゲームです。

結果よりも、**そもそもあなたがあなたとして今を生きて、さまざまなプロセスを体験することそれ自体の方がよっぽど大切ですし、それがあなたの目的です。**先ほどの1メートル1秒の話と同じですが、実際に触れることのできるもの、神として楽しみに来た大本営のものも、そこにしかないからです。

登山を例にすると分かりやすいです。

登頂することが登山だと思われがちですが、実際の登山というのは、雨具やトレッキングシューズを買い揃えて、当日の天候を調べたり、電車の中でワクワクしたり、登り始めて木々の匂いをかいだり、額に汗したり、虫に刺されたり、山小屋でカレーを食べたり、仲間と喋ったり、星を見たり、筋肉痛の中を下山したりといったプロセスだけでなく、ぐったりしながら帰りの電車に揺られること、帰ってきて飛び込むお風呂、膝が数日ガクガクしていること、そして「また山に登りたい」と思うことまで、それらすべてが目的であり「登山」です。

危険でしんどい、時間のかかるプロセスの一つひとつに挑戦し、その情緒や彩り、旨みを味わう。これはまさに人生ゲームを楽しもうとする神の視点です。

「人生」も同じでいいはずです。

「分からない」と思うことがあったり、「頭にくる」ことがあったり、「自分のやりたいことなんてうまくできない！」という日があったり、**そのもどかしいプロセス自体が「人生」の素敵で面白い目的です。**

それが目的だと気がつけることこそ、クリエイティブだとわたしは考えます。**自分の唯一無二の人生、ゲーム体験を本気で面白がり、ダメダメなところも含めて余すところなく楽しめる工夫ができること。**

広い視野に出てその魅力を再発見してください。

自分の人生の美を、ありのままを、自然と肯定したい気持ちが持ち上がってくるかもしれません。

本気で悩みと思っていたものが、小さい個に凝り固まって遊んでいるだけだと感じられてもきます。想像以上にクリエイティブになれることやインスピレーションをキャッチできることに驚いたり、昔からの願いが実はもう叶えられていると知って驚いたり、今という瞬間を生きているだけでいいのだと知って驚いたり、自分が別人になっていくような体験をするでしょう。

そして、自分が自分に常に愛されている、また森羅万象に愛されていると知って安堵してください。あなたはそこにいるだけでいいのです。毎瞬、目的大達成中。そのすごさ、偉大さを、存分に噛み締めてあげてほしいのです。

おわりに

本を書くという作業は、未知の体験ばかりでした。本当に本になるのか、わたしにとって半信半疑で、書いている最中も半信半疑でした。レイアウトができて、カバーを作るという段階になってやっと、「え！　うわ……本当なのか」とびっくりしました。

普段YouTubeをご覧くださっている方々、個人セッションを受けてくださっている方々、書籍化前の段階から「本はないんですか？」「書籍化してください」とコメントや質問をくださった方々、書影のアンケートにご協力くださった方々に、まずお礼を申し上げます。みなさまのおかげで形になりました。

書影のアンケートが終わった時点で、実はまだ本書は未完成でした。これを書いている今もまだ、完成しておりませんが、あと少しです。
さらに、この「おわりに」は、最後の最後で急遽《きゅうきょ》ドタバタと、まったく新しいこの原稿に差し替えました。他の箇所も、最旬・最楽な視点をできる限りお届けしたいという気持ちから、原稿を書き終えたあとも多くの修正を入れました（わたしのこのうえなく見づらい修正指示を受け入れてくださった編集さん、分量が変わりレイアウトのやり直しをしてくださったDTPさん、大変お世話をおかけいたしました。心よりお礼申し上げます）。

「個人として楽に生きたい」という気持ちでみなさまがこの本を手に取るであろうことは、心の底から理解しています。わたしも読者ならそうです。——と同時に、実は個が個をいかにうまくやるかという狭い論点、そこに還元して考えるクセ・価値観で行き詰まること自体からの自発的脱出。それについても示唆する役目が、本書にはあるように思います。

個に没頭しきってしまうと、結局はやはり苦しさや「うまくできているかどうか」と見張るエゴとの戦いになっていき、狭い場所で消耗する流れになってしまうからです。

なので、個人が個人との関係を整えていくこともしっかり押さえながら（ようは、左脳でもうまく扱える内容を網羅しながら）、アインシュタイン博士で言うところの、「問題が発生したのとは違う次元」や新しい価値観へと飛び出す本質的な脱出、本質的な力の取り戻し、自己認識の拡大の感覚など、これまでの左脳の握り締めやコントロールをギブアップしていくような表現も含めて制作いたしました。

ゆえに、YouTubeよりも形而上的で、分かりづらかったと感じる方もいらっしゃるかもしれません。しかし、少しでも拡大した価値観に思いを馳せるきっかけになれば幸いです。

特に、後半は少し難しいかもしれません。前半を落とし込むうちに、後半の考え方が徐々に理解できてくることや、人によっては、前半をすっ飛ばして、後半を知っているだけで十分という場合もあると思います。ご自身にぴったり、しっくりくる解像度のところから取り掛かってみてください。そして、自由に書き込んで、お風呂に持って入って、ぼろぼろにしてください。

執筆過程で、自分が思わぬ表現をするところなどがあり、不思議な体験を幾度となくしました。森羅万象が腕まくりをして出張《でば》ってきて、偶然ボーッと突っ立っていたわたしを道具として使っていったように思います。そして、その現象はわたし個人というよりも、その内容が必要な読者のみなさまによってこそ作られているのだなとあらためて感じます。また、わたしという小さい個人も「作り手」の立場として、そのプロセスの中で非常に面白い発見と豊かな体験をさせていただきました。

とても貴重な体験をさせていただき、言い尽くせぬ驚きと感謝でいっぱいです。
ここまで読んでくださり、ありがとうございました。
執筆させてくださり、ありがとうございました。

2024年8月

感謝を込めて。

フェリックス・ファブリック

COLUMN

人生を楽に生きる！
おすすめの視点50選

最後におまけとして、哲楽者（みなさん：人生を楽しむことを研究する方々）におすすめしたい視点と、エゴの視点の傾向の「おすすめの視点50選」を載せました。本書には入れられなかった内容も少し加えております。参考にしてみてください。

こういう表にすると、どうしても自分が右側の「エゴの視点の傾向」にあると感じるとき、「自分はダメだ！」と思ってしまいがちですが、それはエゴのお得意のパターンですので、もう騙されないでください。左側は、あくまでも、楽に生きるためにおすすめしたい視点であり、必ずしも「それができなければならない！」というのではありません。左側に合わせてあなたを曲げる必要もありません。

「そうか～、たしかに左側みたいな前提で捉えてみるのもありかもなぁ……」という純粋な一つのアイディア・ありうる可能性として、あなたの自発や感覚に従って、お好きに活用していただければと思います。これまで自分が使ってきた前提への信憑性が薄れ、「一体、どうしてそう思い込んでいたんだろう？」と怪しく感じられてくるはずです。そして、気になる内容に従い、どうぞ本書のピンと来た箇所を、何度でも戻って読んでみてください。そこに、どこかで潜在的にあなたの知っているものがあります。

	哲楽者におすすめしたい視点	エゴの視点の傾向
人生とは	・自分の感じ方を体験するもの	・世界を体験するもの
自分の価値	・自分の価値は議論の範疇外 ・価値は上がりも下がりもしない	・自分の価値を上げるか下げるかを常に気にしている
アイデンティティ（自分が何者かのストーリー）	・アイデンティティに頓着しない（すでにいるだけでアイデンティティそのもの）	・アイデンティティを作り上げることに苦心する。いったん作り上げると握りしめる
レンタルの価値観に対して	・見抜き、面白がる ・オリジナルの感覚を優先する	・レンタルとは知らず「自分の信念」として信じており、それと照らし合わせて自らを決定する
幸不幸をもたらすもの	・「自分との関係」	・「出来事やその内容」
肯定の仕方	・全方位肯定 ・何を達成してもしなくてもいい（むしろダメダメでも、それがいい）	・条件付き肯定 ・何かを達成しないと自分を肯定できない・してはいけない。ダメダメなどもってのほか
ゲームの楽しみ方	・感情移入を客観するので、フルに楽しめる ・TPP（Third Person Perspective） ・痛みも客観してみる ・スーパーマリオの視点	・強烈な感情移入で自分が痛みを背負い込む ・FPP（First Person Perspective） ・ゾンビゲームの視点
他者のリアクションと自分の価値	・他者のリアクションから感じるものは自分の妄想 ・「エゴが自分に自分の価値を証明したいだけ」と知っている。「なら他者でなく自分が自分を肯定すればいい」と理解している	・「世界」「他者」に自分の価値を証明しないと気が済まない ・他者からリアクションを提供されていると認識

	哲楽者に おすすめしたい視点	エゴの視点の傾向
自分を好く、嫌う	・自分を好く、好かない以前に、生き物として自分を肯定している（わざと意識的に肯定していなくても、すでに肯定されている）	・条件で自分を好いたり嫌ったりする。人間社会の目線から自分を肯定するアイディアのみを持つ
何に従って生きるか	・自分の「自発」の感覚に従う ・自分が「今」どう生きたいか	・世間の「幸せ像」に従う ・自分の感覚は二の次。社会通念からの逆算
ベース	・「今、自分はどう感じた？」（感覚ベース）で捉えてみる	・「こんなことが起きた！」（意味・出来事ベース）
エゴに対して	・エゴを嫌わない ・あらゆる種類のエゴを、それぞれ俯瞰・客観してみる	・エゴを嫌う（第二のエゴ：エゴを嫌うエゴ）
同化に対して	・同化に気づき、面白がり、客観してみる。それが自分の価値とは無関係だと理解する	・同化する（社会、集団、価値観など）。自分の価値やアイデンティティとつなげる
気分の落ちたときの認識	・「わたしは、気分の落ちているエゴに感情移入していた」	・「わたしが、落ちている」「自分がダメなんだ」
不快に対しての捉え方	・不快は伸び代 ・不快からも自分の力をキャッシュバックしてみる	・不快は単なる不快でしかない
自分との関係	・自分に愛され、また自分を愛する	・自分（エゴ）に傷つけられ、（エゴが）傷つく
自分を責めることに対して	・自分を責めることすら感じていい	・「自分がダメだ」と感じている自分を責める
ネガティブな思考や態度に関して	・エゴがそれを行っても客観する ・自分に客観・肯定されるとエゴは気が済む。自然と忘却する	・自らを嫌う。「やめなければ！」と焦る。やめることに価値を見出すため、アイデンティティを補強するストーリーとして残り続ける
視点の広さ・視座	・マクロの視点 ・マイナスやネガティブすら含み込んでいる ・森羅万象の視点を持てる	・ミクロの視点 ・プラスかマイナスかにこだわる ・人間社会の視点しか持たない

	哲楽者に おすすめしたい視点	エゴの視点の傾向
ニュアンス	・解放・開放 ・自分に・世界に、心を開く	・萎縮 ・自分に対しても、心を閉じている
執着度合い	・のんびり・「どちらでもいい」 ・アイデンティティにつなげない	・マジになる・執着・緊張 ・アイデンティティにつなげて考える
二元論の見解	・あらゆる二元論から自由になってストレートに「欲しいもの」を認識しようとする。自由	・ポジティブ・ネガティブの二元論、その他二元論の制限を受け、制限の中で欲しいものを決める。「さもないと思考」の不自由
幸せに対する前提	・「もともとすでに幸せな存在」という気楽な前提	・「もともと何も持っていないのだから、幸せにならなければいけない存在」という緊張の伴う前提
何者であるか・ 何者になるか	・ありのままで生きていい。自分は自分のままでいい。何者にならなくてもいい	・自分ではない、何者かにならないといけない
凡・非凡と 日常の捉え方	・神＝凡 ・全員がそれぞれ神 ・日常は毎瞬非凡で面白がれる余地がある	・神＝非凡と捉える ・誰も神でもないし、非力 ・日常は平凡で面白みがない
人生を体験する 視座	・「人生を自分が観察している」	・「何かに人生を体験させられている」「望んでいないのにやらされている」
感情の捉え方	・感情＝内容問わず、感じていい。味わいと捉えていい	・感情＝ポジティブなもののみ感じたい。ネガティブは感じてはいけない
傷つくことに関して	・「エゴは傷つく」という前提で捉え、エゴの傷へも理解を示す。恥ずかしがらない。同時に、自らは無傷	・自分が傷ついたと勘違いする。傷つくことを恥ずかしがる
感じること	・「何を感じてもOK！」 ・「エゴで感じてもOK！」	・エゴで感じたくない

	哲楽者に おすすめしたい視点	エゴの視点の傾向
感情の アップダウン	・自然な流動なので、受け入れるため、それにとらわれない	・感情のアップダウンに振り回されるうえ、アップダウンを許せない
人間的解釈と、 体験に対して	・人間的翻訳、意味づけから自由になり、ありのままの純粋な体験とする	・人間的翻訳、意味づけのされた体験しかしない
世界と自分の 関係1	・自分＝森羅万象の一部として、安心してみる	・世界から切り離されて孤独
世界と自分の 関係2	・森羅万象を「自分」と定義し、「個」をうまくやる義務から自由になってみる	・この小さい個だけを「自分」と定義し、自分が自力でがんばり続けないと、と緊張する
「使命」に関して	・そこにいるだけでいい。ただ常に森羅万象のプログラミングが発揮されるだけ	・使命がないと生きていても無駄と思いがち。また、使命は自分が苦労して見つけないといけない
他人との関係	・自分との関係を体験させてくれるもの。また、各人みな神様なので、エゴではなくその神性の本質を見る	・自分に益をもたらすか、害をもたらすかに大別される ・エゴまみれの他人を嫌悪する
創造主視点	・自分が動くとき、全体という巨大な神の整合性ごと動くと知っている。神が何人いても整合性がとれる	・「自分だけが自分の人生をいかにうまくやるか」だけをエゴで考えるので戦々恐々としがち。自分だけ神がいい
努力	・価値とは関係なしに、楽しさに従ってみる。楽しさに従うので、「努力」ではない ・努力をしても特に価値は上がらないと知っているので自発にのみ従う	・楽しくなくても、価値を積むためにやる、「努力」する ・努力をすれば価値が上がると思っているので、自発を無視して無理をする
「行動」に対して	・したいからする ・自発で行える見方を工夫する ・行動そのものを単純に楽しむ	・しなければいけないからする ・すべきだからする ・自分の価値とつなげる

	哲楽者に おすすめしたい視点	エゴの視点の傾向
切り替え	・「今」を楽しむために、さっと行う。毎瞬新しい	・アイデンティティ維持にがんばるエゴのせいで、切り替えが難しい
「今」を生きることに関して	・それしか、そもそもできることが存在しないと知っている	・今以外の時間、特に未来のために生きている
誰が知っていればいいか	・自分。自分が自分を知っていさえすればいい	・他人。自分のすごさを人が認めてくれないと、いないのと同じ
柔軟性	・ある。クリエイティブ ・工夫を楽しむ ・固定されたものを疑うこともできる	・ない。限定的な狭い視野 ・うまくいくことにこだわる ・固定されたものを疑わない
軸	・自分軸 ・自分ありき、体験の主としての感覚を大切にする	・他人軸・他軸 ・外からの自分像にこだわる
自分軸についての見解	・ありのままをオリジナルに認める自分軸	・「自分軸」のイメージが先行する。それに合わせるので、結局は他人軸
人生の展開に対して	・未知の可能性へ心を開いている ・常に最善が起きている ・おまかせ	・正解を求める ・自分の思った通りにコントロールしたい
「絶対なもの」に対して	・自分より外側に「絶対なもの」を作らない。すべて自分の内側にあると捉える	・自分の外に「絶対なもの」を作り、無力感を体験する
感謝	・自分の中で目一杯に抱く。ありがたみを味わうことがメイン。「外に届ける」ためではない	・他人に伝えないといけない、「しないといけない」と外向きで、内側ではおざなり、感じきれない
存在	・存在しているだけでいい	・存在しているだけではダメ、価値を積まないといけない
「楽に生きる」に対して	・「楽に生きる」すらも、やれようがやれまいが、どっちでもいい	・「楽に生きなければ！」に固執する

ブックデザイン	藤塚尚子
イラスト	フェリックス・ファブリック
ＤＴＰ	思机舎
校正	山崎春江
編集	金子拓也

フェリックス・ファブリック

楽に生きる研究家・イラストレーター。
YouTube以外では個人セッションを行う研究者。

10代でアメリカの成功哲学にハマり、ひたすら自分を置き去りにした力技の自己研鑽を繰り返した結果、パニック障害を体験。成功哲学の落とし穴の理解をはじめ、冷静・柔軟に客観する哲学的視点からスピリチュアルやマインドフルネスなどのエッセンスも抽出・再構成し、より具体的で中立な立場から、本質的な生き方を研究・共有する。

YouTube

Note

本当《はんとう》のわたしを見《み》つけにいこう
幸《しあわ》せな人《ひと》だけが知《し》っている「自分《じぶん》を肯定《こうてい》する生《い》き方《かた》」

2024年9月20日　初版発行

著者／フェリックス・ファブリック

発行者／山下 直久

発行／株式会社KADOKAWA
〒102-8177　東京都千代田区富士見2-13-3
電話 0570-002-301（ナビダイヤル）

印刷所／大日本印刷株式会社
製本所／大日本印刷株式会社

●お問い合わせ
https://www.kadokawa.co.jp/（「お問い合わせ」へお進みください）
※内容によっては、お答えできない場合があります。
※サポートは日本国内のみとさせていただきます。
※Japanese text only

定価はカバーに表示してあります。

ISBN 978-4-04-606998-6　C0095